ポケット

漢 準2級 検

問題集

短期間でしっかり合格！

JN007852

成美堂出版

ポケット漢検準2級問題集

■ 頻度別問題集

頻出度 A 最頻出問題

頻出度 B 必修問題

もくじ

頻出度 C 重要問題

■ **巻末** 後ろからご覧ください

本書の見かた

出題ジャンル

頻出度

頻出度はA〜Cの3つに分かれています。右の「ひよこでわかる頻出度」も参考に。

問題

頻出度
A 読み①

次の___線の**漢字の読み**を**ひらがな**で答えよ。

☑ **01** 秀逸な作品と言える。

☑ **02** 商店街は閑散としていた。

☑ **03** 国家の興廃をかけて決戦に挑んだ。

チェックボックス

できた問題をチェックしましょう。

☑ **04** 最高の叙景文とうたわれる。

☑ **05** 企業の合併が相次いだ。

解説の中のアイコンの意味

出例	**共通する漢字の問題で、過去の実際の試験に出題されたもの** P.12の01では「秀逸」の読みが出題されていますが、同じ漢字を使った「安逸」「逸品」の読みも、過去の試験で出題されていることを示しています。

豆	覚えておくとためになる解説	用例	解答または解答の一部を使った語句
✕	間違いやすい例	熟語	解答の漢字を使った熟語の例
対義語	解答の熟語の反対の意味の熟語の例	類義語	解答の熟語と同じような意味の熟語の例
音読	解答の漢字の音読み	訓読	解答の漢字の訓読み
中	中学校で習う読み方	高	高等学校で習う読み方

本書のメインコンテンツであるP.12〜301の頻度別問題集のページの見かたです。赤シートをかぶせながら問題を解いていきましょう。

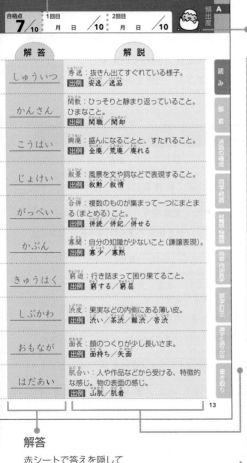

● 自己採点記入欄
合格点がとれるまで、くり返しましょう。

合格点	1回目			2回目				頻出度 A
7/10	月	日	/10	月	日	/10		shutsudo

解 答　　　　　　解 説

読み

しゅういつ	秀逸：抜きん出てすぐれている様子。 出例 安逸／逸品
かんさん	閑散：ひっそりと静まり返っていること。 ひまなこと。 出例 閑職／閑却
こうはい	興廃：盛んになることと、すたれること。 出例 全廃／荒廃／廃れる
じょけい	叙景：風景を文や詞などで表現すること。 出例 叙勲／叙情
がっぺい	合併：複数のものが集まって一つにまとまる（まとめる）こと。 出例 併読／併記／併せる
かぶん	寡聞：自分の知識が少ないこと（謙譲表現）。 出例 寡少／寡黙
きゅうはく	窮迫：行き詰まって困り果てること。 出例 窮する／窮屈
しぶかわ	渋皮：果実などの内側にある薄い皮。 出例 渋い／茶渋／難渋／苦渋
おもなが	面長：顔のつくりが少し長いさま。 出例 面持ち／矢面
はだあい	肌合い：人や作品などから受ける、特徴的な感じ。物の表面の感じ。 出例 山肌／肌着

部首 熟語の構成 四字熟語 対義語・類義語 同音・同訓異字 誤字訂正 漢字と送りがな 書き取り

13

● ひよこでわかる
頻出度

A
過去問20年分の試験で出題頻度が最も高いもの

B
Aの次に頻度が高いもの

C
頻度は高くないが、覚えておきたい問題

● 解説
解答の漢字や熟語の意味、そのほか覚えておきたい注意点など辞書いらずの親切な解説が書かれています。

解答
赤シートで答えを隠してくり返し学習できます。

5

本書の特長

過去問20年分（約250回分）を徹底分析！
試験に出る問題だけを完全攻略！

　本書では、**漢字検定の過去問20年分（約250回分※）の試験で、実際に出題された問題すべてを分析**しています。

※検定は一年間に公開会場で3回、団体受検の準会場で約10回実施されています。

ジャンル	出題例（出題回数）
読み	賄う（23回）／忍ぶ 但し（21回）／献身 珠玉 督促（16回）
部首	畝 爵 甚 賓（23回）／嗣 褒 戻（22回）
熟語の構成	禍福 巧拙（20回）／寛厳 親疎（18回）／慶弔（17回）
四字熟語	物情騒然（19回）／隠忍自重 外柔内剛 驚天動地 比翼連理 沈思黙考（17回）
対義語	召還↔派遣（23回）／煩雑↔簡略（22回）／凡庸↔偉大 高尚↔低俗（21回）
類義語	忍耐＝我慢（26回）／肯定＝是認 秀逸＝抜群（24回）／伯仲＝互角 懐古＝追憶（21回）
同音・同訓異字	ショウ=祥 肖 奨（36回）／コウ=衡 溝（30回）
誤字訂正	線衣→繊維（18回）／頒売→販売（15回）／系統→継続 搭採→搭載（14回）
漢字と送りがな	輝く（17回）／及ぼす（16回）／戒める 伺う 被る 悩ます（15回）
書き取り	繰る（17回）／曇る（16回）／暦 迫る（14回）／感涙 循環 制御（10回）

　上の表が、分析結果です。出題範囲（8ページ参照）が決まっているので、何度も出題される漢字があることに気づくはず

短時間でしっかり合格するために、本書は過去問を徹底的に分析した問題集になっています。赤シート対応、辞書いらずの親切な解説も特長です。

です。たとえば、読みの問題では「賄う」が23回出題されている一方、「基盤」は1回しか出題されていません。

　本書では、出題回数が多い順、すなわち出題頻度が高い順にA、B、Cの3ランクに分類して問題を掲載しています。これまでに何度も出題された問題はこれからも出題されやすい**「試験に出る問題」**です。これを集中的に学習することにより短時間でしっかり合格できます。特に、頻出度Aは出題されることの多い問題で、得点源になります。

　また、時間に余裕がない人は頻出度Aのみの学習、満点合格を狙う人は頻出度Cまでの学習、というように自分の勉強時間に合わせた使い方もできます。

いつでもどこでも学習できる！
隠して覚えられる赤シート対応！

　本書は隠して覚えられる赤シート対応になっています。また、辞書を引かなくても済むくらい親切な解説がついています。

　ノートや辞書を持ち運ばなくても済み、通学中、通勤中、いつでもどこでも空いた時間で学習できるので、短時間でしっかり合格することができます。

2020年度からの試験制度変更について
平成29年改訂の小学校学習指導要領が2020年度から全面実施されたことに伴い、漢字検定でも一部の漢字の配当級が変更になりました。準2級では、準2級配当漢字だった「潟」「佐」「崎」「滋」「縄」が7級配当漢字に変更され、配当漢字から外れています。本書ではこの試験制度変更を踏まえて、配当級が変更となった漢字の出題頻度を予想した上で、A・B・Cの各ランクに予想問題として掲載しています。

漢字検定準2級の
出題範囲

● 準2級検定では、常用漢字のうち1951字が出題範囲で、3級から328字増えました。これは、おおよそ高校在学中に習う漢字に相当します。

● 常用漢字のなかから準2級用に配当されている漢字が328字あります。これは、準2級試験では非常に重要な漢字です。

・「読み」では、「準2級配当漢字」の読みの問題が中心になります。また、熟字訓・当て字や、下級の漢字で中学校や高校で習う読みもよく出題されます。

・3級からの出題形式の変更点は、(二)「部首」の問題で、部首の形を書く問題へと変更になります。(四)「四字熟語」の問題では、選択肢のひらがなから漢字に直し、意味も問われます。(六)「同音・同訓異字」の問題では、選択肢から解答の漢字を選ぶ問題から、漢字を書く問題に変更となります。また、(九)「書き取り」の問題数が25問へ増加します。

● 試験は、以下のような内容で構成されています。
(一) 短文中の漢字の読み（音・訓）　　(二) 部首
(三) 熟語の構成　　　　　　　　　　(四) 四字熟語
(五) 対義語・類義語　　　　　　　　(六) 同音・同訓異字
(七) 誤字訂正　　　　　　　　　　　(八) 漢字と送りがな
(九) 短文中の書き取り（音・訓）

ただし、(公財) 日本漢字能力検定協会の審査基準の変更の有無にかかわらず、出題形式や問題数が変更されることもあります。

● 漢字検定では、とめるところ、離すところ、続けるところなどにも意識して、筆画を正しくていねいにはっきり解答を書きましょう。くずした字や、乱雑な書き方は採点の対象外となります。

● 字体は、小学校の教科書に使用されている教科書体が採点の基準になっています。本書の問題文と解答は教科書体を使用していますので、参考にしてください。

● 常用漢字表にない漢字や読みはバツになります。たとえば、「動きマワル」の「マワル」は、漢字で「回る」と書くのが正解で、「廻る」と書くとバツになります。「回」は常用漢字ですが、「廻」は常用漢字ではないからです。常用漢字の旧字体も正答とは認められません。

● その他の採点基準は以下のとおりです。
・送りがなは、昭和48年6月18日内閣告示の「送り仮名の付け方」が基準になっています。
・部首は、参考書によって多少異なりますが、漢字検定を主催する（公財）日本漢字能力検定協会の定めによっています。

● 準2級の合格点は正解率70パーセント前後が目安になります。準2級は200満点ですから、140点以上をとれば合格です。

● 年齢、性別、国籍を問わず、だれでも受検できます。個人で受検する場合は以下の方法があります。

- インターネット申し込みのみ。日本漢字能力検定協会のホームページから受検者専用サイトで申し込みを行い、クレジットカードやＱＲコード、コンビニ店頭で決済を行う。

● 個人受検の試験は１年に３回、定期的に実施されています。日程については（公財）日本漢字能力検定協会に問い合わせてください。

● 検定会場は、全国と海外の主要都市で行われています。願書に載っている検定会場から、自分の希望する会場を選びます。団体受検の場合、条件を満たせば学校や会社の中で受検することもできます。

● 申込期間は検定日の約３か月前から１か月前までです。しめ切り日までに願書を送らないと無効になってしまいますから、注意してください。

● 検定時間は60分です。開始時間の異なる級を選べば、２つ以上の級を受検することも可能です。

実施要項

● 合否の発表は、検定日から所定の日数後、合格者には合格証書、合格証明書、検定結果通知が送られます。不合格者には検定結果通知が郵送されます。

● 検定日当日は、以下の点に注意しましょう。
- 受検票を忘れずに持参しましょう。受検票は、受検中に机の上に置いておかなければなりません。
- 自動車やバイクで来ることを禁止している会場が多いので、事前に確認してください。
- 当日はHBかBの鉛筆、または濃いシャープペンシルを持参しましょう。鉛筆は2本以上、さらに鉛筆が削れる簡単なものを用意しておくと安心です。消しゴムも持参しましょう。ボールペンや万年筆の使用は認められません。
- 検定中、携帯電話の電源は切っておきましょう。

● 検定料等は変わることがあるので、漢字検定の広告やホームページなどで確認するようにしましょう。

問い合わせ先

公益財団法人 日本漢字能力検定協会

ホームページ　https://www.kanken.or.jp/

［本部］〒605-0074　京都市東山区祇園町南側551番地

ホームページにある「よくある質問」を読んで該当する質問がみつからなければメールフォームでお問合せください。電話でのお問合せ窓口は0120-509-315（無料）です。

本書は原則として2024年4月時点のものです。受検をお考えの方は、ご自身で（公財）日本漢字能力検定協会の発表する最新情報をご確認ください。

次の___線の**漢字の読み**を**ひらがな**で答えよ。

☐ **01** <u>秀逸</u>な作品と言える。

☐ **02** 商店街は<u>閑散</u>としていた。

☐ **03** 国家の<u>興廃</u>をかけて決戦に挑んだ。

☐ **04** 最高の<u>叙景</u>文とうたわれる。

☐ **05** 企業の<u>合併</u>が相次いだ。

☐ **06** <u>寡聞</u>にして存じない。

☐ **07** 父の会社が倒産し生活が<u>窮迫</u>している。

☐ **08** クリの<u>渋皮</u>を取り除く。

☐ **09** 兄弟そろって父に似て<u>面長</u>だ。

☐ **10** <u>肌合</u>いの違う作品を並べた。

解 答	解 説
しゅういつ	秀逸：抜きん出てすぐれている様子。 **出例** 安逸／逸品
かんさん	閑散：ひっそりと静まり返っていること。 ひまなこと。 **出例** 閑職／閑却
こうはい	興廃：盛んになることと、すたれること。 **出例** 全廃／荒廃／廃れる
じょけい	叙景：風景を文や詞などで表現すること。 **出例** 叙勲／叙情
がっぺい	合併：複数のものが集まって一つにまとまる（まとめる）こと。 **出例** 併読／併記／併せる
かぶん	寡聞：自分の知識が少ないこと（謙譲表現）。 **出例** 寡少／寡黙
きゅうはく	窮迫：行き詰まって困り果てること。 **出例** 窮する／窮屈
しぶかわ	渋皮：果実などの内側にある薄い皮。 **出例** 渋い／茶渋／難渋／苦渋
おもなが	面長：顔のつくりが少し長いさま。 **出例** 面持ち／矢面
はだあい	肌合い：人や作品などから受ける、特徴的な感じ。物の表面の感じ。 **出例** 山肌／肌着

読み

部首

熟語の構成

四字熟語

対義語・類義語

同音・同訓異字

誤字訂正

漢字と送りがな

書き取り

読み②

次の＿＿＿線の**漢字の読み**を**ひらがな**で答えよ。

□ **01** 両者の技の<u>巧拙</u>には隔たりがある。

□ **02** 会場は<u>粛然</u>としていた。

□ **03** 蚊が伝染病を<u>媒介</u>することがある。

□ **04** いかにも<u>頑健</u>な体つきをしている。

□ **05** 傷みが<u>顕著</u>に見られる。

□ **06** ローマ帝国は地中海の<u>覇者</u>となった。

□ **07** <u>惰眠</u>をむさぼって過ごした。

□ **08** <u>嫌</u>なことを人に押し付けるな。

□ **09** <u>襟足</u>の髪の毛を短く刈る。

□ **10** 家の裏手に<u>棚田</u>が広がっている。

合格点	1回目	2回目	
7/10	月 日 /**10**	月 日 /**10**	

読み

部首

熟語の構成

四字熟語

対義語・類義語

同音・同訓異字

誤字訂正

漢字と送りがな

書き取り

解答 　　　　解説

こうせつ	巧拙：物事の上手下手。 出例 拙速／拙劣
しゅくぜん	粛然：静かなさま。静かで礼儀正しいさま。 出例 自粛／粛々
ばいかい	媒介：両方の間でとりもつこと。 出例 触媒／媒酌
がんけん	頑健：体ががっしりして、非常に健康なこと。 出例 頑強／頑
けんちょ	顕著：きわ立って目につくさま。 出例 顕在／露顕
はしゃ	覇者：武力などで天下を治める者。競技などで優勝した者。 出例 覇気／制覇
だみん	惰眠：怠けて眠ること。何もせずに無意味に日々を送ること。 出例 惰弱／怠惰
いや	嫌：やりたくない・ほしくない・受け入れたくないという気持ち。 出例 毛嫌い／嫌う／嫌疑／機嫌
えりあし	襟足：首筋の髪の毛の生え際。 出例 襟／襟元
たなだ	棚田：傾斜のある土地に階段状に作られた水田。 出例 棚卸し／戸棚

読み③

次の___線の**漢字の読み**を**ひらがな**で答えよ。

□ **01** 祖母を<u>献身</u>的に介護する。

□ **02** 会議は<u>空疎</u>な議論に終始した。

□ **03** 大病がようやく<u>治癒</u>した。

□ **04** 二人は<u>懇意</u>の間柄だ。

□ **05** 祖父が漢詩を<u>吟詠</u>している。

□ **06** 展望台からの<u>壮観</u>な眺めを楽しむ。

□ **07** <u>国賓</u>として歓待する。

□ **08** 炭焼き<u>窯</u>から木炭をかき出す。

□ **09** 将来を<u>見据</u>えて勉強する。

□ **10** 先生の手を<u>煩</u>わせてしまった。

合格点
7/**10**

1回目
月　日　／**10**

2回目
月　日　／**10**

解答	解説

けんしん	献身：自分を犠牲にして何かに尽くすさま。 出例 文献／献血
くうそ	空疎：見せかけだけで、実質的な内容がないこと。 出例 疎略／疎遠
ちゆ	治癒：病気やけがが治ること。「治」「癒」ともに病気がなおる意。 出例 癒着／快癒
こんい	懇意：親しい付き合いをしている関係。 出例 懇願／懇々
ぎんえい	吟詠：節をつけて詩歌などを歌うこと。詩歌を作ること。 出例 吟味／吟醸
そうかん	壮観：大規模で優れたながめ。 出例 壮健／悲壮
こくひん	国賓：公式の資格で来訪し、国から応接される外国人。 出例 主賓／貴賓
かま	窯：陶磁器などを焼くための装置。 出例 窯元／石窯
みすえて	見据える：じっと見つめる。本質などを見定める。 出例 据える／据わる
わずらわせて	煩わす：心配させる、悩ませる。面倒をかける。 出例 煩う／煩わしい／煩忙／煩雑

読み

部首

熟語の構成

四字熟語

対義語・類義語

同音・同訓異字

誤字訂正

漢字と送りがな

書き取り

次の＿＿線の**漢字の読み**を**ひらがな**で答えよ。

☐ **01** 最近の流行の傾向を<u>概括</u>する。

☐ **02** 経過を<u>逐次</u>報告しなさい。

☐ **03** <u>憂愁</u>の思いに浸っている。

☐ **04** トップの座を<u>奪還</u>する。

☐ **05** <u>享楽</u>的な生き方を改める。

☐ **06** 行動力が<u>傑出</u>している。

☐ **07** <u>崇高</u>な精神を保ち続ける。

☐ **08** 心の<u>垣根</u>を外そう。

☐ **09** 家に<u>戻</u>って荷物を下ろす。

☐ **10** 人事の<u>大枠</u>を決める。

解答 / 解説

解答	解説
がいかつ	概括：内容や傾向などを大まかにまとめること。 **出例** 包括／総括
ちくじ	逐次：順を追って。ひとつひとつ。順次。 **出例** 逐語訳／放逐
ゆうしゅう	憂愁：憂え嘆くこと。 **出例** 旅愁／哀愁
だっかん	奪還：取り戻すこと。 **出例** 還付／帰還
きょうらく	享楽：快楽を味わうこと。 **出例** 享有／享受
けっしゅつ	傑出：ほかより飛び抜けて優れていること。 **出例** 豪傑／傑作
すうこう	崇高：気高くて尊く感じられるさま。 **出例** 崇拝／崇敬
かきね	垣根：庭や敷地を区切る囲い。 **出例** 人垣
もどって	戻る：もとの所に帰る。 **出例** 戻す／後戻り
おおわく	大枠：おおまかな枠組み。 **出例** 窓枠／別枠

次の＿＿線の**漢字の読み**を**ひらがな**で答えよ。

☐ **01** 夜を徹して議論する。

☐ **02** 会議の結論は禍根を残した。

☐ **03** この二つの絵は酷似している。

☐ **04** 組織の自浄作用に期待できない。

☐ **05** 台風は漸次北上している。

☐ **06** 読むに堪えない駄文だ。

☐ **07** 物価が急激に騰貴している。

☐ **08** 多くの人が行き交う。

☐ **09** 靴擦れができて痛い。

☐ **10** 少ない収入で生活費を賄う。

解答　　　　　解説

| 読み | 部首 | 熟語の構成 | 四字熟語 | 対義語・類義語 | 同音・同訓異字 | 誤字訂正 | 漢字と送りがな | 書き取り |

てっして

徹する：貫きとおす。考え方や態度などを貫きとおす。
[出例] 貫徹／冷徹

かこん

禍根：災いの元。「禍」は災いの意。
[出例] 災禍／惨禍

こくじ

酷似：きわめてよく似ていること。
[出例] 酷／酷評

じじょう

自浄：みずからの働きできれいになること。
[出例] 浄財／洗浄

ぜんじ

漸次：次第に。だんだん。
[出例] 漸進／漸増

だぶん

駄文：つまらない文章。自分の文章を謙遜していうときにも使う。
[出例] 駄弁／駄作

とうき

騰貴：物の値段が高くなること。
[出例] 急騰／高騰

かう

交う：互いにすること。～してすれちがう、の意味。
[出例] 交わす

くつずれ

靴擦れ：足に合わない靴を履いて、傷ができること。またその傷。
[出例] 革靴／靴

まかなう

賄う：限られた範囲で間に合わせる。
[出例] 賄い／贈賄／収賄

次の＿＿線の**漢字の読み**を**ひらがな**で答えよ。

☑ **01** 全体を統轄する人が必要だ。

☑ **02** 真偽のほどを見極める。

☑ **03** この地方の銘菓を求める。

☑ **04** トビがゆっくりと旋回する。

☑ **05** なんとか折衷案を作成できた。

☑ **06** やむなく銀行の融資を受けた。

☑ **07** 荒涼とした大地を切り開く。

☑ **08** 失敗に懲りずに挑戦する。

☑ **09** 儀式の準備が調う。

☑ **10** この家の建坪を知りたい。

解答 / 解説

とうかつ	統轄：ばらばらになっているものを一つにまとめて取り扱うこと。 出例 管轄／直轄
しんぎ	真偽：正しいか間違いか。本物にせ物か。 出例 偽証／偽善／偽る
めいか	銘菓：その名をよく知られた菓子。特別な名称を持つ優れた菓子。 出例 感銘／銘打つ／銘柄
せんかい	旋回：円を描くように回ること。 出例 旋律／周旋
せっちゅう	折衷：二つまたはそれ以上の案や事柄のよい点を取り、一つにまとめること。 出例 苦衷／衷心
ゆうし	融資：資金の調達・貸し出し。 出例 融和／金融
こうりょう	荒涼：荒れ果てて寂しいさま。 出例 清涼／涼／涼む／涼しい
こりず	懲りる：いやな目にあい、同じことを二度としない気持ちを持つ。 出例 性懲り／懲らしめる／懲戒／懲罰
ととのう	調う：必要なものがすべて揃う。 出例 調える
たてつぼ	建坪：建物が占める土地の広さを坪で表した数字。 出例 坪庭／坪

右：読み／部首／熟語の構成／四字熟語／対義語・類義語／同音・同訓異字／誤字訂正／漢字と送りがな／書き取り

23

次の＿＿線の**漢字の読み**を**ひらがな**で答えよ。

☑ **01** 弊社の業務内容を説明いたします。

☑ **02** 哲学的な思索にふける。

☑ **03** 橋の中央部が陥没している。

☑ **04** 傷口から雑菌が入り熱を出した。

☑ **05** 寺で座禅を組む。

☑ **06** 母方の系譜をたどる。

☑ **07** 父は剛直な性格をしている。

☑ **08** 山の頂が朝日に映える。

☑ **09** 漆塗りの器に盛る。

☑ **10** それは甚だしい誤解だ。

解　答	解　説
へいしゃ	弊社：自分が所属する会社の謙称。 **出例** 疲弊／弊害
しさく	思索：道理を踏まえて深く考えること。 **出例** 探索／検索
かんぼつ	陥没：落ち込んで穴が開くこと。 **出例** 陥落／欠陥／陥る
ざっきん	雑菌：さまざまな細菌の総称。 **出例** 細菌／殺菌
ざぜん	座禅：一定の型を取って座り、精神を統一して悟りを得ようとする禅宗などの修行法。 **出例** 禅問答／禅宗
けいふ	系譜：血縁関係を表した図。師弟関係などのつながり。 **出例** 楽譜／採譜
ごうちょく	剛直：意志や心が強く、信念を曲げないこと。 **出例** 剛胆／剛健
はえる	映える：光を浴びて輝き、引き立つ。みごとに調和している。 **出例** 夕映え
うるしぬり	漆塗り：漆を塗った器物。漆を塗ること。 **出例** 漆／漆器／漆黒
はなはだ	甚だ：一般的な程度を大きく超えているさま。 **出例** 甚だしい

読み

部首

熟語の構成

四字熟語

対義語・類義語

同音・同訓異字

誤字訂正

漢字と送りがな

書き取り

次の＿＿線の**漢字の読み**を**ひらがな**で答えよ。

☐ **01** この病院は診療設備が整っている。

☐ **02** この会社の変遷を調べた。

☐ **03** 悠久の時を刻む。

☐ **04** 工場の規模を拡充する。

☐ **05** 兄はいつでも泰然としている。

☐ **06** 納税の督促状が届く。

☐ **07** 珠玉の作品を集める。

☐ **08** 眼前の敵に銃の筒先を向ける。

☐ **09** 参加者は和やかに談笑していた。

☐ **10** 不当な扱いに耐え忍んだ。

合格点
7/10
1回目
月　日／10
2回目
月　日／10
頻出度
A

解答	解説

しんりょう	診療：病気やけがの診察と治療。 出例　休診／受診／診る
へんせん	変遷：物事の移り変わり。 出例　遷都／左遷
ゆうきゅう	悠久：はるかに遠い昔から変わることなく続いているさま。 出例　悠長／悠々
かくじゅう	拡充：規模を拡大・充実させること。 出例　充当／充満
たいぜん	泰然：落ち着きがあり、物事に動じないさま。 出例　安泰／泰斗
とくそく	督促：促すこと。決まっていることの実行を迫ること。 出例　監督／督励
しゅぎょく	珠玉：すぐれているものや美しいもの。真珠・宝石類。 出例　珠算／真珠
つつさき	筒先：筒状のものの先の部分。
なごやか	和やか：穏やかでやわらかいさま。 出例　和らぐ／日和見
しのんだ	忍ぶ：我慢する。人目をはばかる。 出例　忍ばせる／残忍／忍苦

次の＿＿線の**漢字の読み**を**ひらがな**で答えよ。

☐ **01** ひどい醜態を演じたものだ。

☐ **02** 恩師の死に哀悼の意を表す。

☐ **03** 無礼な振る舞いに憤慨する。

☐ **04** あくまでも質朴な性格の人だ。

☐ **05** 主将の一振りで均衡が破られた。

☐ **06** この事件は情状酌量の余地がある。

☐ **07** 宣誓の声が会場に響き渡る。

☐ **08** 両国は海を挟む関係にある。

☐ **09** 野の花を花瓶に挿す。

☐ **10** 但し書きを食事代とする。

解 答	解 説

読み

部首

熟語の構成

四字熟語

対義語・類義語

同音・同訓異字

誤字訂正

漢字と送りがな

書き取り

しゅうたい

醜態<small>しゅうたい</small>：見苦しい態度や状態。
出例 美醜<small>びしゅう</small>／醜聞<small>しゅうぶん</small>／醜<small>みにく</small>い

あいとう

哀悼<small>あいとう</small>：人の死を悲しみ、いたむこと。
出例 追悼<small>ついとう</small>

ふんがい

憤慨<small>ふんがい</small>：ひどく怒ること。
出例 憤激<small>ふんげき</small>／憤然<small>ふんぜん</small>

しつぼく

質朴<small>しつぼく</small>：まじめで飾り気のない人柄。
出例 純朴<small>じゅんぼく</small>／素朴<small>そぼく</small>

きんこう

均衡<small>きんこう</small>：釣り合いが取れていること。
出例 平衡<small>へいこう</small>

しゃくりょう

酌量<small>しゃくりょう</small>：事情をくみとって、処罰などを加減すること。
出例 晩酌<small>ばんしゃく</small>

せんせい

宣誓<small>せんせい</small>：人の前で誓いの言葉を述べること。
出例 誓約<small>せいやく</small>／誓<small>ちか</small>う

はさむ

挟<small>はさ</small>む：何かを間において位置する。物を両側から押さえる。
出例 挟<small>はさ</small>まる

さす

挿<small>さ</small>す：挿し入れる。差し込む。
出例 挿絵<small>さしえ</small>／挿入<small>そうにゅう</small>／挿話<small>そうわ</small>

ただし

但<small>ただ</small>し：前に述べた事柄に条件や例外などを補足する語。

次の＿＿線の**漢字の読み**を**ひらがな**で答えよ。

☐ **01** その考えには<u>首肯</u>できない。

☐ **02** <u>広漠</u>たる草原を進む。

☐ **03** 試験の<u>頻出</u>問題を調べる。

☐ **04** <u>凡庸</u>な人ばかりだ。

☐ **05** 紅葉で彩られた<u>渓谷</u>を船で下った。

☐ **06** <u>償却</u>されるまでの時間を見積もる。

☐ **07** 歴史上の<u>俊傑</u>を文献で調べる。

☐ **08** <u>扉絵</u>が主人公の気持ちを物語っていた。

☐ **09** 小舟が<u>渦潮</u>に巻き込まれる。

☐ **10** 空に<u>宵</u>の明星が輝いている。

合格点	1回目		2回目	
7/10	月 日	/10	月 日	/10

解 答	解 説

読み
部首
熟語の構成
四字熟語
対義語・類義語
同音・同訓異字
誤字訂正
漢字と送りがな
書き取り

しゅこう
首肯：認めてうなずくこと。承知すること。
出例　肯定

こうばく
広漠：果てしなく広がっているさま。
出例　空漠／漠然

ひんしゅつ
頻出：同じ種類の物がしばしば現れること。
出例　頻発／頻度

ぼんよう
凡庸：特徴がなく平凡なこと。
出例　中庸

けいこく
渓谷：たにま。山にはさまれた川のある場所。
出例　渓流／渓声

しょうきゃく
償却：借金などを返すこと。
出例　有償／弁償／償う

しゅんけつ
俊傑：才知などが並外れて優れていること。また、その人。
出例　俊足／俊敏

とびらえ
扉絵：書籍などの扉に描かれた絵。厨子や寺院の扉に描かれた絵。
出例　扉

うずしお
渦潮：潮の干満の差に伴って、渦を巻いて流れる海水。
出例　渦巻く

よい
宵：日没後の間もない時間帯。夜。
出例　宵宮

次の＿＿線の**漢字の読み**を**ひらがな**で答えよ。

☑ **01** 退職後、父は遍路の旅に出た。

☑ **02** タイヤがひどく摩耗している。

☑ **03** 全ての出例を網羅している。

☑ **04** 契約が履行されたことを確認する。

☑ **05** 猟銃所持には許可が必要だ。

☑ **06** 組織の中枢を牛耳った。

☑ **07** 拙著を恩師に謹呈する。

☑ **08** 江戸時代からの杉並木だそうだ。

☑ **09** 臭い物には蓋_{ふた}をする。

☑ **10** 古い塚は観光スポットにもなっている。

合格点
7/10
1回目
月　日 /10
2回目
月　日 /10

解答	解説

へんろ

遍路：祈願のために、四国の弘法大師の霊場八十八か所などを巡り歩くこと。また、その人。出例 遍歴／満遍

まもう

摩耗：すり減ること。
出例 摩天楼／摩滅

もうら

網羅：残すことなく取り入れること。
出例 甲羅／羅列

りこう

履行：決めたことを実際に行うこと。
出例 履修／履歴／履く／履物

りょうじゅう

猟銃：狩りに使う銃器。
出例 銃撃／銃創

ちゅうすう

中枢：中心部にある最も大切な部分。
出例 枢要

きんてい

謹呈：つつしんで、人に物を差し上げること。
出例 謹厳／謹慎／謹む

すぎなみき

杉並木：杉で作られた並木。
出例 杉／縄文杉

くさい

臭い：不快なにおいがする。あやしい。
出例 生臭い／臭気／異臭

つか

塚：周囲よりも土が小高く盛り上がっているところ。土を小高く盛って作られた墓。
出例 貝塚／一里塚

次の漢字の**部首**を答えよ。

☑ 01 嗣

☑ 02 虞

☑ 03 褒

☑ 04 寧

☑ 05 衡

☑ 06 窯

☑ 07 劾

☑ 08 丙

☑ 09 薫

☑ 10 充

☑ 11 遮

☑ 12 戻

☑ 13 亭

☑ 14 尼

☑ 15 帥

合格点	1回目	2回目	
11/15	月 日 /**15**	月 日 /**15**	

解 答 / 解 説

解答	解説
口	くち 出例 喪/呉/呈/唇もよく出題される
虍	とらがしら とらかんむり 出例 膚/虚/虐もよく出題される
衣	ころも 出例 哀/衰/裏/裁もよく出題される
宀	うかんむり 出例 宵/宜/宰/寡もよく出題される
行	ぎょうがまえ ゆきがまえ 出例 衝/街/衛/術もよく出題される
穴	あなかんむり 出例 窃/窮/室/突もよく出題される
力	ちから 出例 勅/募/勘/勲もよく出題される
一	いち 出例 且/丈/与もよく出題される
艹	くさかんむり 出例 薦/藻/蒸/荘もよく出題される
儿	ひとあし にんにょう 出例 克/兆/免/元もよく出題される
辶	しんにょう しんにゅう 出例 迭/逸/遵/逝もよく出題される
戸	とだれ とかんむり 出例 扉/扇もよく出題される
亠	なべぶた けいさんかんむり 出例 享/京/交もよく出題される
尸	かばね しかばね 出例 尿/履/局/属もよく出題される
巾	はば 出例 幣/市/帯/帝もよく出題される

次の漢字の**部首**を答えよ。

☑ 01 畝

☑ 02 賓

☑ 03 奔

☑ 04 癒

☑ 05 昆

☑ 06 栽

☑ 07 塁

☑ 08 頒

☑ 09 羅

☑ 10 升

☑ 11 甚

☑ 12 累

☑ 13 翁

☑ 14 磨

☑ 15 慶

合格点	1回目	2回目
11/15	月 日 /15	月 日 /15

解 答　　　　　解 説

田	た 出例 甲／畜／画／界もよく出題される
貝	かい　こがい 出例 貢／賞／貞もよく出題される
大	だい 出例 奨／奪／奏／奮もよく出題される
疒	やまいだれ 出例 疫／痢／痴／疾もよく出題される
日	ひ 出例 暫／晶／暮／昇もよく出題される
木	き 出例 朱／栄／業／桑もよく出題される
土	つち 出例 塑／堕／塾／垂もよく出題される
頁	おおがい 出例 頻／頑／顕／顧もよく出題される
罒	あみがしら　あみめ　よこめ 出例 罷／署もよく出題される
十	じゅう 出例 卑／半／南もよく出題される
甘	かん　あまい 出例 甘もよく出題される
糸	いと 出例 索／繭もよく出題される
羽	はね 出例 翻／翌もよく出題される
石	いし 出例 碁もよく出題される
心	こころ 出例 懸／愁／忍／悠もよく出題される

読み

部首

熟語の構成

四字熟語

対義語・類義語

同音・同訓異字

誤字訂正

漢字と送りがな

書き取り

次の漢字の**部首**を答えよ。

☑ **01** 叙

☑ **02** 摩

☑ **03** 妥

☑ **04** 恭

☑ **05** 酌

☑ **06** 亜

☑ **07** 殻

☑ **08** 準

☑ **09** 爵

☑ **10** 韻

☑ **11** 斉

☑ **12** 凸

☑ **13** 款

☑ **14** 瓶

☑ **15** 辛

頻出度
A

合格点
11/15

1回目
月　日　/15

2回目
月　日　/15

解　答	解　説
又	また **出例** 叔/受もよく出題される
手	て **出例** 掌/承もよく出題される
女	おんな **出例** 妄/威もよく出題される
小	したごころ **出例** 慕もよく出題される
酉	とりへん **出例** 酢/酷/酬/醜もよく出題される
二	に **出例** 互/井もよく出題される
殳	るまた　ほこづくり **出例** 殿もよく出題される
氵	さんずい **出例** 淑/漸/漠/漆もよく出題される
爫	つめかんむり　つめがしら
音	おと **出例** 音もよく出題される
斉	せい **出例** 斎もよく出題される
凵	うけばこ **出例** 凹もよく出題される
欠	あくび　かける **出例** 欧/欺もよく出題される
瓦	かわら
辛	からい **出例** 辞もよく出題される

読み

部首

熟語の構成

四字熟語

対義語・類義語

同音・同訓異字

誤字訂正

漢字と送りがな

書き取り

熟語の構成のしかたには右の□のようなものがある。次の熟語は□の**ア〜オ**のどれにあたるか、**一つ**選び**記号**を答えよ。

□ **01** 枢 要

□ **02** 巧 拙

□ **03** 検 疫

□ **04** 禍 福

□ **05** 奔 流

□ **06** 酪 農

□ **07** 不 肖

□ **08** 罷 業

□ **09** 未 遂

□ **10** 災 禍

ア 同じような意味の漢
　字を重ねたもの
　（例＝**善良**）

イ 反対または対応の意
　味を表す字を重ねた
　もの
　（例＝**細大**）

ウ 前の字が後ろの字を
　修飾しているもの
　（例＝**美談**）

エ 後ろの字が前の字の
　目的語・補語になっ
　ているもの
　（例＝**点火**）

オ 前の字が後ろの字の
　意味を打ち消してい
　るもの
　（例＝**不当**）

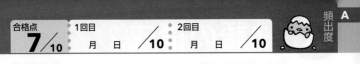

解答		解説

ア（同じ）　**枢要**（すうよう）

枢　■同■　要

どちらも「大切な部分」の意。

イ（反対）　**巧拙**（こうせつ）

巧（うまい）←　反　→拙（い）

エ（目・補）　**検疫**（けんえき）

検（査する）←目・補　疫（病を）

イ（反対）　**禍福**（かふく）

禍（わざわい）←　反　→福（さいわい）

ウ（修飾）　**奔流**（ほんりゅう）

奔（勢いのよい）　修→流（れ）

ウ（修飾）　**酪農**（らくのう）

酪（乳製品に関わる）　修→農（業）

オ（打消）　**不肖**（ふしょう）

不（否定）×←打消　肖（似ている）

エ（目・補）　**罷業**（ひぎょう）

罷（やめる）←目・補　業（仕事を）

オ（打消）　**未遂**（みすい）

未（否定）×←打消　遂（げる）

ア（同じ）　**災禍**（さいか）

災　■同■　禍

どちらも「わざわい」の意。

熟語の構成のしかたには右の□のようなものがある。次の熟語は□の**ア～オ**のどれにあたるか、**一つ選び記号**を答えよ。

□ 01 漆黒

□ 02 庶務

□ 03 無粋

□ 04 珠玉

□ 05 争覇

□ 06 未踏

□ 07 遷都

□ 08 親疎

□ 09 安寧

□ 10 寛厳

ア 同じような意味の漢字を重ねたもの
（例＝**善良**）

イ 反対または対応の意味を表す字を重ねたもの
（例＝**細大**）

ウ 前の字が後ろの字を修飾しているもの
（例＝**美談**）

エ 後ろの字が前の字の目的語・補語になっているもの
（例＝**点火**）

オ 前の字が後ろの字の意味を打ち消しているもの
（例＝**不当**）

解 答	解 説	
ウ（修飾）	漆黒 しっこく	漆（のように） 修 → 黒（い）
ウ（修飾）	庶務 しょむ	庶（さまざまな） 修 → 務（仕事）
オ（打消）	無粋 ぶすい	無（否定）× ← 打消 粋（あか抜けている）
ア（同じ）	珠玉 しゅぎょく	珠 = 同 = 玉 どちらも「球形の宝石や真珠」の意。
エ（目・補）	争覇 そうは	争（う）← 目・補 覇（を）
オ（打消）	未踏 みとう	未（否定）× ← 打消 踏（足を踏み入れる）
エ（目・補）	遷都 せんと	遷（うつす）← 目・補 都（を）
イ（反対）	親疎 しんそ	親（しい）← 反 → 疎（したしくない）
ア（同じ）	安寧 あんねい	安 = 同 = 寧 どちらも「やすらか」の意。
イ（反対）	寛厳 かんげん	寛（ゆるやか）← 反 → 厳（しい）

読み

部首

熟語の構成

四字熟語

対義語・類義語

同音・同訓異字

誤字訂正

漢字と送りがな

書き取り

熟語の構成③

熟語の構成のしかたには右の□のようなものがある。次の熟語は□の**ア～オ**のどれにあたるか、**一つ選び記号**を答えよ。

☑ **01** 未 了

☑ **02** 緒 論

☑ **03** 遮 光

☑ **04** 不 穏

☑ **05** 往 還

☑ **06** 旋 回

☑ **07** 虜 囚

☑ **08** 挑 戦

☑ **09** 独 吟

☑ **10** 慶 弔

ア 同じような意味の漢字を重ねたもの（例＝**善良**）

イ 反対または対応の意味を表す字を重ねたもの（例＝**細大**）

ウ 前の字が後ろの字を修飾しているもの（例＝**美談**）

エ 後ろの字が前の字の目的語・補語になっているもの（例＝**点火**）

オ 前の字が後ろの字の意味を打ち消しているもの（例＝**不当**）

解 答	解 説	
オ（打消）未了 （み りょう）	未（否定）×←打消　了（終了）	
ウ（修飾）緒論 （しょろん）	緒（はじめの）　修→論（主張）	
エ（目・補）遮光 （しゃこう）	遮（る）←目・補　光（を）	
オ（打消）不穏 （ふ おん）	不（否定）×←打消　穏（やか）	
イ（反対）往還 （おうかん）	往（ゆく）←反→還（かえる）	
ア（同じ）旋回 （せんかい）	旋 ＝同＝ 回 どちらも「まわる」の意。	
ア（同じ）虜囚 （りょしゅう）	虜 ＝同＝ 囚 どちらも「とりこ」の意。	
エ（目・補）挑戦 （ちょうせん）	挑（む）←目・補　戦（いに）	
ウ（修飾）独吟 （どくぎん）	独（り）　修→吟（詩歌をロずさむ）	
イ（反対）慶弔 （けいちょう）	慶（いわう）←反→弔（う）	

読み

部首

熟語の構成

四字熟語

対義語・類義語

同音・同訓異字

誤字訂正

漢字と送りがな

書き取り

45

熟語の構成のしかたには右の□のようなものがある。次の熟語は□の**ア〜オ**のどれにあたるか、**一つ選び記号**を答えよ。

☑ **01** 扶助

☑ **02** 疎密

☑ **03** 腐臭

☑ **04** 不詳

☑ **05** 去就

☑ **06** 上棟

☑ **07** 殉職

☑ **08** 不偏

☑ **09** 漸進

☑ **10** 把握

ア 同じような意味の漢字を重ねたもの
（例＝**善良**）

イ 反対または対応の意味を表す字を重ねたもの
（例＝**細大**）

ウ 前の字が後ろの字を修飾しているもの
（例＝**美談**）

エ 後ろの字が前の字の目的語・補語になっているもの
（例＝**点火**）

オ 前の字が後ろの字の意味を打ち消しているもの
（例＝**不当**）

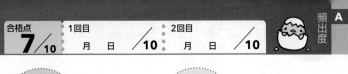
解 答		解 説
ア（同じ）	扶助（ふじょ）	扶 ＝同 助 どちらも「たすける」の意。
イ（反対）	疎密（そみつ）	疎（まばら）← 反 → 密（つまっている）
ウ（修飾）	腐臭（ふしゅう）	腐（った）　修→ 臭（い）
オ（打消）	不詳（ふしょう）	不（否定）×← 打消 詳（しい）
イ（反対）	去就（きょしゅう）	去（る）← 反 → 就（つきしたがう）
エ（目・補）	上棟（じょうとう）	上（げる）← 目・補 棟（を）
エ（目・補）	殉職（じゅんしょく）	殉（命をかける）← 目・補 職（仕事に）
オ（打消）	不偏（ふへん）	不（否定）×← 打消 偏（り）
ウ（修飾）	漸進（ぜんしん）	漸（だんだんと）　修→ 進（む）
ア（同じ）	把握（はあく）	把 ＝同 握 どちらも「にぎる」の意。

読み

部首

熟語の構成

四字熟語

対義語・類義語

同音・同訓異字

誤字訂正

漢字と送りがな

書き取り

47

右上の□内のひらがなを**漢字**にして□にいれ、**四字熟語**を完成せよ。□内のひらがなは一度だけ使い、□に**一字**いれよ。また、**01～10**の**意味**にあてはまるものを**11～15**から**一つ**選び（ ）に**数字**でいれよ（該当しないものは空欄のままでよい）。

☑ **01** 物情□然 （ ）

☑ **02** □忍自重 （ ）

☑ **03** 外□内剛 （ ）

☑ **04** □天動地 （ ）

☑ **05** 比□連理 （ ）

☑ **06** □思黙考 （ ）

☑ **07** 一□打尽 （ ）

☑ **08** 雲散□消 （ ）

☑ **09** 同□異夢 （ ）

☑ **10** 愛別□苦 （ ）

いん	きょう
じゅう	しょう
そう	ちん
む	もう
よく	り

11 一緒に行動していても違う目的や考えを持っていること。

12 悪人などの一味を一度にすべて捕らえること。

13 苦しさに耐えて軽率な行動を慎むこと。

14 肉親など愛する人との別れのつらさの表現。

15 夫婦・男女の仲がきわめてむつまじいさま。

解 答	解 説
物情騒然 ( )	世間の様子がさわがしいこと。 **類義語** 物議騒然
隠忍自重 (13)	苦しさに耐えて軽率な行動を慎むこと。 **出例**「忍」も問われる
外柔内剛 ( )	外見は優しくおとなしそうだが、意志はしっかりとしていること。 **出例**「剛」も問われる **類義語** 外柔中剛
驚天動地 ( )	世間を非常に驚かせること。 **類義語** 震天動地／驚地動天
比翼連理 (15)	夫婦・男女の仲がきわめてむつまじいさま。
沈思黙考 ( )	静かに深く考えるさま。 **出例**「黙」も問われる **類義語** 熟思黙想
一網打尽 (12)	悪人などの一味を一度にすべて捕らえること。 **出例**「尽」も問われる
雲散霧消 ( )	跡形もなく消えてしまうこと。 **類義語** 雲散鳥没
同床異夢 (11)	一緒に行動していても違う目的や考えを持っていること。 **類義語** 同床各夢
愛別離苦 (14)	肉親など愛する人との別れのつらさの表現。

読み｜部首｜熟語の構成｜四字熟語｜対義語・類義語｜同音・同訓異字｜誤字訂正｜漢字と送りがな｜書き取り

四字熟語完成で10点配点、意味で5点配点　　49

右上の□内のひらがなを**漢字**にして□にいれ、**四字熟語**を完成せよ。□内のひらがなは一度だけ使い、□に**一字**いれよ。また、**01～10**の**意味**にあてはまるものを11～15から**一つ**選び（ ）に**数字**でいれよ（該当しないものは空欄のままでよい）。

☑ **01** 山□水明（ ）

☑ **02** □善懲悪（ ）

☑ **03** □舞激励（ ）

☑ **04** 呉□同舟（ ）

☑ **05** 少壮気□（ ）

☑ **06** 徹頭徹□（ ）

☑ **07** 当意□妙（ ）

☑ **08** 優勝□敗（ ）

☑ **09** □面仏心（ ）

☑ **10** 孤立無□（ ）

えい	えつ
えん	かん
き	こ
し	そく
び	れっ

11 力がある強い者が勝ち、弱い者が負けること。

12 一人きりでだれも助けてくれない状態。

13 若々しく意気込みがあるさま。

14 良い行いをすすめ、悪い行い（人）を懲らしめること。

15 大いに元気づけること。

合格点	1回目	2回目
11/15	月　日 /**15**	月　日 /**15**

解　答	解　説

山紫水明 ( )
<small>さんしすいめい</small>

景観が美しいさま。

勧善懲悪 (14)
<small>かんぜんちょうあく</small>

良い行いをすすめ、悪い行い（人）を懲らしめること。
出例「懲」も問われる

鼓舞激励 (15)
<small>こぶげきれい</small>

大いに元気づけること。
出例「舞／励」も問われる

呉越同舟 ( )
<small>ごえつどうしゅう</small>

仲の悪い者同士が同じ場所にいること。または同じ行動をとること。
出例「呉／舟」も問われる

少壮気鋭 (13)
<small>しょうそうきえい</small>

若々しく意気込みがあるさま。
出例「壮」も問われる　**類義語** 新進気鋭

徹頭徹尾 ( )
<small>てっとうてつび</small>

最初から最後まで。

当意即妙 ( )
<small>とういそくみょう</small>

その場にふさわしい対応を即座にするさま。
出例「妙」も問われる

優勝劣敗 (11)
<small>ゆうしょうれっぱい</small>

強い者が勝ち、弱い者が負けること。
類義語 弱肉強食／適者生存

鬼面仏心 ( )
<small>きめんぶっしん</small>

顔は恐ろしげだが、心は優しい人のこと。

孤立無援 (12)
<small>こりつむえん</small>

一人きりでだれも助けてくれない状態。
出例「孤」も問われる　**類義語** 孤軍奮闘

四字熟語完成で10点配点、意味で5点配点

右上の□内のひらがなを**漢字**にして□にいれ、**四字熟語**を完成せよ。□内のひらがなは一度だけ使い、□に**一字**いれよ。また、**01～10**の**意味**にあてはまるものを11～15から**一つ**選び（　）に**数字**でいれよ（該当しないものは空欄のままでよい）。

□ **01** 厚顔無□（　）

□ **02** □遍妥当（　）

□ **03** 英俊□傑（　）

□ **04** 吉□禍福（　）

□ **05** 旧態□然（　）

□ **06** 朝令□改（　）

□ **07** 才色□備（　）

□ **08** 色即□空（　）

□ **09** 信賞必□（　）

□ **10** 心頭滅□（　）

い	きゃく
きょう	けん
ごう	ぜ
ち	ばつ
ふ	ぼ

11 どのような場合でも真理として認められること。

12 心の中からすべての雑念を取り払うこと。

13 功績があれば賞を与え、罪があれば制裁を科すこと。

14 あつかましく恥知らずなさま。

15 めでたいことと災い。

合格点

11/15

1回目

月　日　/**15**

2回目

月　日　/**15**

頻出度

A

解答　　　　解説

読み

部首

熟語の構成

四字熟語

対義語・類義語

同音・同訓異字

誤字訂正

漢字と送りがな

書き取り

こうがんむ ち
厚顔無恥 (14)

あつかましく恥知らずなさま。
出例「厚」も問われる
類義語 寡廉鮮恥

ふ へん だ とう
普遍妥当 (11)

認識や価値が、どのような場合でも真理として認められること。
出例「遍／妥」も問われる」

えいしゅんごうけつ
英俊豪傑 (　)

才知にあふれ、大胆に行動する優れた人物。
出例「俊／傑」も問われる

きっきょうか ふく
吉凶禍福 (15)

めでたいことと災い。
類義語 禍福得喪

きゅうたい い ぜん
旧態依然 (　)

古い状態のままで進歩・発展が見られないさま。

ちょうれい ぼ かい
朝令暮改 (　)

命令や法令などがすぐに変えられて、定まらないさま。
類義語 朝改暮変

さいしょくけん び
才色兼備 (　)

才能と美しさを兼ね備えた女性の形容。
類義語 秀外恵中

しきそく ぜ くう
色即是空 (　)

この世のすべての形ある物は実体がないということ。
類義語 一切皆空

しんしょうひつばつ
信賞必罰 (13)

功績があれば賞を与え、罪があれば制裁を科すこと。

しんとうめっきゃく
心頭滅却 (12)

心の中からすべての雑念を取り払うこと。

四字熟語完成で10点配点、意味で5点配点

四字熟語④

右上の□内のひらがなを**漢字**にして□にいれ、**四字熟語**を完成せよ。□内のひらがなは一度だけ使い、□に**一字**いれよ。また、**01～10**の意味にあてはまるものを**11～15**から**一つ**選び（ ）に**数字**でいれよ（該当しないものは空欄のままでよい）。

☑ **01** 神出□没（ ）

☑ **02** 千□万紅（ ）

☑ **03** 無□自然（ ）

☑ **04** 悠悠自□（ ）

☑ **05** 夏炉冬□（ ）

☑ **06** 群雄割□（ ）

☑ **07** 五里□中（ ）

☑ **08** 栄□盛衰（ ）

☑ **09** 美辞□句（ ）

☑ **10** 竜頭蛇□（ ）

い	き
きょ	こ
し	せん
てき	び
む	れい

11 変幻自在に現れたり、隠れたりするさま。

12 色とりどりに花が咲くさま。

13 伸びやかに、心のままに過ごすさま。

14 初めは勢いがあるが終わりは振るわないこと。

15 人の手を加えずに、自然の摂理に任せること。

解答 · 解説

解答	解説
しんしゅつきぼつ **神出鬼没** (11)	変幻自在に現れたり、隠れたりするさま。 **出例**「没」も問われる **類義語** 神変出没 しんべんしゅつぼつ
せんしばんこう **千紫万紅** (12)	色とりどりに花が咲くさま。 **類義語** 千紅万紫 せんこうばんし
むいしぜん **無為自然** (15)	人の手を加えずに、自然の摂理に任せること。
ゆうゆうじてき **悠悠自適** (13)	伸びやかに、心のままに過ごすさま。 **類義語** 悠然自得 ゆうぜんじとく
かろとうせん **夏炉冬扇** ( )	タイミングが合わず、役に立たないもの。
ぐんゆうかっきょ **群雄割拠** ( )	英雄たちがそれぞれ拠点を構えて対立すること。 **出例**「雄／割」も問われる
ごりむちゅう **五里霧中** ( )	物事の状態・様子がわからないさま。
えいこせいすい **栄枯盛衰** ( )	国や家、人などが繁栄したり衰えたりすること。**出例**「衰」も問われる **類義語** 栄枯浮沈 えいこふちん／盛者必衰 じょうしゃひっすい
びじれいく **美辞麗句** ( )	うわべだけを飾った美しい言葉。
りょうとうだび **竜頭蛇尾** (14)	初めは勢いがあるが終わりは振るわないこと。**出例**「蛇」も問われる **豆**「りゅうとうだび」とも読む

右側タブ：読み／部首／熟語の構成／四字熟語／対義語・類義語／同音・同訓異字／誤字訂正／漢字と送りがな／書き取り

右上の□内のひらがなを**漢字**にして□にいれ、**四字熟語**を完成せよ。□内のひらがなは一度だけ使い、□に**一字**いれよ。また、**01~10の意味**にあてはまるものを11~15から**一つ選び**（ ）に**数字**でいれよ（該当しないものは空欄のままでよい）。

☑ **01** 一念□起 （ ）

☑ **02** 一罰百□ （ ）

☑ **03** 歌□音曲 （ ）

☑ **04** 危機一□ （ ）

☑ **05** 孤軍奮□ （ ）

☑ **06** 熟□断行 （ ）

☑ **07** 人面□心 （ ）

☑ **08** 勢力伯□ （ ）

☑ **09** 朝三□四 （ ）

☑ **10** 巧□拙速 （ ）

かい	じゅう
ち	ちゅう
とう	ぱつ
ぶ	ぼ
ほっ	りょ

11 支援や援軍がない中で、孤立して戦い努力すること。

12 十分に考え、大胆に実行するさま。

13 目先の違いにとらわれ、同じ本質に気づかないこと。

14 人間らしい心を持たない人。

15 何かを成し遂げようと決心すること。

解　答	解　説
<ruby>一<rt>いち</rt></ruby><ruby>念<rt>ねん</rt></ruby><ruby>発<rt>ほっ</rt></ruby><ruby>起<rt>き</rt></ruby> (15)	何かを成し遂げようと決心すること。 類義語 <ruby>一<rt>いち</rt></ruby><ruby>念<rt>ねん</rt></ruby><ruby>発<rt>ほっ</rt></ruby><ruby>心<rt>しん</rt></ruby>／<ruby>一<rt>いっ</rt></ruby><ruby>心<rt>しん</rt></ruby><ruby>発<rt>ほっ</rt></ruby><ruby>起<rt>き</rt></ruby>
<ruby>一<rt>いち</rt></ruby><ruby>罰<rt>ばつ</rt></ruby><ruby>百<rt>ひゃっ</rt></ruby><ruby>戒<rt>かい</rt></ruby> ( )	一人を罰することで多くの人への戒めとすること。 出例 「罰」も問われる
<ruby>歌<rt>か</rt></ruby><ruby>舞<rt>ぶ</rt></ruby><ruby>音<rt>おん</rt></ruby><ruby>曲<rt>ぎょく</rt></ruby> ( )	歌と舞と音楽。
<ruby>危<rt>き</rt></ruby><ruby>機<rt>き</rt></ruby><ruby>一<rt>いっ</rt></ruby><ruby>髪<rt>ぱつ</rt></ruby> ( )	危険が差し迫っている状態。きわどいさま。
<ruby>孤<rt>こ</rt></ruby><ruby>軍<rt>ぐん</rt></ruby><ruby>奮<rt>ふん</rt></ruby><ruby>闘<rt>とう</rt></ruby> (11)	支援や援軍がない中で、孤立して戦い努力すること。 出例 「孤」も問われる
<ruby>熟<rt>じゅく</rt></ruby><ruby>慮<rt>りょ</rt></ruby><ruby>断<rt>だん</rt></ruby><ruby>行<rt>こう</rt></ruby> (12)	十分に考え、大胆に実行するさま。
<ruby>人<rt>じん</rt></ruby><ruby>面<rt>めん</rt></ruby><ruby>獣<rt>じゅう</rt></ruby><ruby>心<rt>しん</rt></ruby> (14)	人間らしい心を持たない人。 類義語 <ruby>人<rt>じん</rt></ruby><ruby>頭<rt>とう</rt></ruby><ruby>畜<rt>ちく</rt></ruby><ruby>鳴<rt>めい</rt></ruby>
<ruby>勢<rt>せい</rt></ruby><ruby>力<rt>りょく</rt></ruby><ruby>伯<rt>はく</rt></ruby><ruby>仲<rt>ちゅう</rt></ruby> ( )	実力に大差がないさま。 出例 「伯」も問われる
<ruby>朝<rt>ちょう</rt></ruby><ruby>三<rt>さん</rt></ruby><ruby>暮<rt>ぼ</rt></ruby><ruby>四<rt>し</rt></ruby> (13)	目先の違いにとらわれ、同じ本質に気づかないこと。
<ruby>巧<rt>こう</rt></ruby><ruby>遅<rt>ち</rt></ruby><ruby>拙<rt>せっ</rt></ruby><ruby>速<rt>そく</rt></ruby> ( )	巧みでも出来が遅いより、下手でも速いほうがよいこと。 出例 「拙」も問われる

四字熟語完成で10点配点、意味で5点配点

対義語・類義語①

次の01～05の**対義語**、06～10の**類義語**を右の□の中から選び、**漢字**で答えよ。□の中の語は一度だけ使うこと。

対義語

☑ 01　召還 ↔ □□

☑ 02　煩雑 ↔ □□

☑ 03　凡庸 ↔ □□

☑ 04　高尚 ↔ □□

☑ 05　傑物 ↔ □□

類義語

☑ 06　忍耐 ＝ □□

☑ 07　肯定 ＝ □□

☑ 08　秀逸 ＝ □□

☑ 09　伯仲 ＝ □□

☑ 10　回顧 ＝ □□

いだい
がまん
かんりゃく
ごかく
ぜにん
ついおく
ていぞく
はけん
ばつぐん
ぼんじん

頻出度

A

合格点
7/10

1回目
月　日 / **10**

2回目
月　日 / **10**

解答 　　　　　解説

読み

部首

熟語の構成

四字熟語

対義語・類義語

同音・同訓異字

誤字訂正

漢字と送りがな

書き取り

派遣	**召還**：呼び戻すこと。 **派遣**：任務を与えほかの所へ行かせること。
簡略	**煩雑**：物事が込み入っていて煩わしいさま。 **簡略**：細かいことを省いて手短にすること。 **出例** 簡略 ↔ 繁雑
偉大	**凡庸**：特に優れた点がないさま。 **偉大**：優れていて立派なさま。 **出例** 偉大 ↔ 卑小
低俗	**高尚**：品があり気高いさま。 **低俗**：品がなく程度が低いさま。
凡人	**傑物**：きわ立って優れた人。 **凡人**：目立った長所もないごく普通の人。
我慢	**忍耐**：苦痛に耐えたり、欲望を抑えたりすること。 **我慢**：痛みや気持ちを抑えること。 **出例** 我慢 = 辛抱
是認	**肯定**：そのとおりであると判断しみとめること。 **是認**：よしとしてみとめること。
抜群	**秀逸**：抜きん出て優れている様子。 **抜群**：並外れて優れていること。 **出例** 抜群 = 屈指
互角	**伯仲**：たがいに優れており甲乙つけがたい。 **互角**：たがいの力量に差がないこと。
追憶	**回顧**：過ぎた日を思い返すこと。 **追憶**：過ぎた日に思いをはせること。

対義語・類義語②

次の**01～05**の**対義語**、**06～10**の**類義語**を右の□の中から選び、**漢字**で答えよ。□の中の語は一度だけ使うこと。

対義語

☑ **01** 中枢 ↔ □□

☑ **02** 喪失 ↔ □□

☑ **03** 堕落 ↔ □□

☑ **04** 拘禁 ↔ □□

☑ **05** 懐柔 ↔ □□

類義語

☑ **06** 勲功 = □□

☑ **07** 紛糾 = □□

☑ **08** 干渉 = □□

☑ **09** 泰然 = □□

☑ **10** 懲戒 = □□

いあつ
かいにゅう
かくとく
こうせい
こんらん
しゃくほう
しょばつ
ちんちゃく
てがら
まったん

合格点
7/10

1回目
月　日　/10

2回目
月　日　/10

解答 / 解説

読み

部首

熟語の構成

四字熟語

対義語・類義語

同音・同訓異字

誤字訂正

漢字と送りがな

書き取り

解答	解説
末端（まったん）	中枢：中心にある大切な部分。 末端：経路や組織などのはしの部分。
獲得（かくとく）	喪失：精神的に大きなものを失うこと。 獲得：努力して自分のものにすること。
更生（こうせい）	堕落：健全な意識や態度を失うこと。 更生：良くない状態から立ち直ること。
釈放（しゃくほう）	拘禁：人を捕らえて閉じ込めること。 釈放：捕らえた人を解きはなつこと。 出例　釈放 ⟷ 拘束
威圧（いあつ）	懐柔：相手を上手に手なずけること。 威圧：威力や権力により相手を押さえること。
手柄（てがら）	勲功：目覚ましい働きや成果。 手柄：目覚ましい働きや功績。 出例　手柄 ＝ 殊勲
混乱（こんらん）	紛糾：意見などが対立しもつれること。 混乱：入りみだれてまとまらなくなること。
介入（かいにゅう）	干渉：他者を自分の意見に従わせようとすること。 介入：割り込み、かかわること。
沈着（ちんちゃく）	泰然：落ちつきがあり、物事に動じないさま。 沈着：落ちつきがあり、物事に動じないさま。
処罰（しょばつ）	懲戒：こらしめること。 処罰：刑罰を科すこと。 出例　処罰 ＝ 制裁

対義語・類義語③

次の**01～05の対義語**、**06～10の類義語**を右の□の中から選び、**漢字**で答えよ。□の中の語は一度だけ使うこと。

対義語

☑ **01** 受諾 ↔ □□

☑ **02** 絶賛 ↔ □□

☑ **03** 醜悪 ↔ □□

☑ **04** 浄化 ↔ □□

☑ **05** 逸材 ↔ □□

類義語

☑ **06** 丁寧 = □□

☑ **07** 酌量 = □□

☑ **08** 遺憾 = □□

☑ **09** 奔走 = □□

☑ **10** 是認 = □□

おせん
きょひ
こうてい
こうりょ
こくひょう
ざんねん
じんりょく
たんねん
びれい
ぼんさい

解答	解説
拒否 （きょ ひ）	受諾：相手の提案や申し入れなどを受け入れること。 拒否：要求などをこばむこと。
酷評 （こくひょう）	絶賛：このうえなく褒めること。 酷評：手厳しく批判すること。 出例 酷評 ↔ 激賞
美麗 （び れい）	醜悪：とても醜いさま。 美麗：華やかでうつくしいさま。
汚染 （お せん）	浄化：よごれた水や空気などをきれいにすること。 汚染：毒物や細菌などによりよごれること。 出例 汚染 ↔ 洗浄
凡才 （ぼんさい）	逸材：優れた才能を持つ人。優れた才能。 凡才：平凡な人。
丹念 （たんねん）	丁寧：注意深く気を配るさま。 丹念：細部までこまやかにするさま。 出例 丹念 ＝ 克明
考慮 （こうりょ）	酌量：事情をくんで手心を加えること。 考慮：かかわる事情までよくかんがえること。 出例 考慮 ＝ 勘案
残念 （ざんねん）	遺憾：期待通りにならず、心残りであること。 残念：期待通りにならず、不満足な思い。
尽力 （じんりょく）	奔走：事がうまくいくように走り回ること。 尽力：事がうまくいくよう力をつくすこと。
肯定 （こうてい）	是認：よしとして認めること。 肯定：適切であると認めること。

対義語・類義語④

次の01〜05の**対義語**、06〜10の**類義語**を右の□の中から選び、**漢字**で答えよ。□の中の語は一度だけ使うこと。

対義語

☑ 01 怠惰 ↔ □□

☑ 02 秩序 ↔ □□

☑ 03 暫時 ↔ □□

☑ 04 削除 ↔ □□

☑ 05 淡泊 ↔ □□

類義語

☑ 06 変遷 = □□

☑ 07 同等 = □□

☑ 08 貢献 = □□

☑ 09 輸送 = □□

☑ 10 猶予 = □□

うんぱん

えんき

きよ

きんべん

こうきゅう

こんらん

すいい

てんか

のうこう

ひってき

解 答	解 説

読み ／ 部首 ／ 熟語の構成 ／ 四字熟語 ／ 対義語・類義語 ／ 同音・同訓異字 ／ 誤字訂正 ／ 漢字と送りがな ／ 書き取り

勤勉 きんべん	**怠惰**：怠けてだらだらしていること。 **勤勉**：一生懸命に働くこと。
混乱 こんらん	**秩序**：物事の正しい順序。 **混乱**：入りみだれてまとまらなくなること。
恒久 こうきゅう	**暫時**：少しの間。しばらくの間。 **恒久**：いつまでも変わらないこと。
添加 てんか	**削除**：取り除くこと。 **添加**：付けくわえること。
濃厚 のうこう	**淡泊**：味や色、性格などがあっさりしていること。 **濃厚**：味や色が濃いこと、その可能性が強いこと。 **出例** 濃厚 ↔ 希薄
推移 すいい	**変遷**：物事が時の流れとともにうつり変わること。 **推移**：うつり変わること。時がたつに従い変化する状態。
匹敵 ひってき	**同等**：程度などが同じようであること。 **匹敵**：同じくらいの能力や地位をもつこと。
寄与 きよ	**貢献**：発展や成功に役立つよう尽力すること。 **寄与**：発展や成功に役立つこと。
運搬 うんぱん	**輸送**：車両や船、航空機などで物を運ぶこと。 **運搬**：車両や船、航空機などで物を運んで移すこと。
延期 えんき	**猶予**：物事を行う日時を先にのばすこと。 **延期**：決められた日時を先にのばすこと。

次の**01〜05**の**対義語**、**06〜10**の**類義語**を右の□の中から選び、**漢字**で答えよ。□の中の語は一度だけ使うこと。

対義語

□ **01** 謙虚 ↔ □□

□ **02** 寛容 ↔ □□

□ **03** 希釈 ↔ □□

□ **04** 恭順 ↔ □□

□ **05** 純白 ↔ □□

類義語

□ **06** 動転 ＝ □□

□ **07** 憤慨 ＝ □□

□ **08** 醜聞 ＝ □□

□ **09** 普通 ＝ □□

□ **10** 熟睡 ＝ □□

あんみん
おめい
ぎょうてん
げきど
げんかく
こうまん
しっこく
じんじょう
のうしゅく
はんこう

解 答	解 説
高慢 こうまん	謙虚：つつましやかで、素直な態度。 高慢：思い上がり、他を見下す態度。
厳格 げんかく	寛容：心が広く、人をとがめたりしないさま。 厳格：不正や失敗などを少しも許さないさま。 **出例** 厳格 ↔ 寛大
濃縮 のうしゅく	希釈：液体の濃度を薄くすること。 濃縮：液体の濃度をこくすること。
反抗 はんこう	恭順：命令などにかしこまって従うこと。 反抗：年長者や命令に歯向かうこと。 **出例** 反抗 ↔ 服従
漆黒 しっこく	純白：まじりけのない、まっしろなさま。その色。 漆黒：黒うるしのように、黒くつやがあること。その色。
仰天 ぎょうてん	動転：非常に驚くこと。 仰天：非常に驚きあわてること。
激怒 げきど	憤慨：大いにおこるさま。 激怒：はげしくおこるさま。
汚名 おめい	醜聞：良くないうわさ。 汚名：不名誉な評判。
尋常 じんじょう	普通：一般的なさま。 尋常：特別でないこと。
安眠 あんみん	熟睡：ぐっすりとねむること。 安眠：やすらかにぐっすりとねむること。

読み

部首

熟語の構成

四字熟語

対義語・類義語

同音・同訓異字

誤字訂正

漢字と送りがな

書き取り

次の01〜05の**対義語**、06〜10の**類義語**を右の□の中から選び、**漢字**で答えよ。□の中の語は一度だけ使うこと。

対義語

☑ **01** 擁護 ↔ □□

☑ **02** 裕福 ↔ □□

☑ **03** 享楽 ↔ □□

☑ **04** 概略 ↔ □□

☑ **05** 清浄 ↔ □□

類義語

☑ **06** 看過 = □□

☑ **07** 激励 = □□

☑ **08** 将来 = □□

☑ **09** 平穏 = □□

☑ **10** 残念 = □□

あんねい
いかん
おだく
きんよく
こぶ
しょうさい
しんがい
ぜんと
ひんこん
もくにん

合格点
7/10

1回目
月 日 /**10**

2回目
月 日 /**10**

解 答	解 説

侵害 しんがい	擁護：相手に加えられている危害から守ること。 侵害：相手の権利・利益・領土などをおかすこと。
貧困 ひんこん	裕福：収入や財産が多く生活が豊かなこと。 貧困：生活にこまるほどまずしいこと。 **出例** 貧困 ↔ 富裕
禁欲 きんよく	享楽：さまざまな楽しみを十分に味わうこと。 禁欲：さまざまな欲望を抑えること。
詳細 しょうさい	概略：おおよその内容。 詳細：細部までくわしいこと。 **出例** 詳細 ↔ 概要
汚濁 おだく	清浄：きわめて清らかなこと。 汚濁：よごれにごること。
黙認 もくにん	看過：見ていながら、ほうっておくこと。 黙認：暗黙のうちに許可すること。
鼓舞 こぶ	激励：はげまして奮い立たせること。 鼓舞：意気を奮い立たせること。
前途 ぜんと	将来：これから先。 前途：これから先。行き先。
安寧 あんねい	平穏：平和でおだやかなさま。 安寧：おだやかで安定しているさま。
遺憾 いかん	残念：期待通りにならず、心残りであること。 遺憾：期待通りにならず、不満足な思い。

読み

部首

熟語の構成

四字熟語

対義語・類義語

同音・同訓異字

誤字訂正

漢字と送りがな

書き取り

69

次の＿＿線の**カタカナ**を**漢字**に直せ。

☑ **01** 不ショウ事への対応を求められる。

☑ **02** ショウ像権の侵害を訴える。

☑ **03** 互いの戦力は均コウしている。

☑ **04** 側コウの掃除を依頼される。

☑ **05** トウ乗口に集まるよう指示される。

☑ **06** やかんのお湯が沸トウした。

☑ **07** カン静な住宅街で暮らしている。

☑ **08** カン大な処置を期待する。

☑ **09** 脇目も振らず力け出した。

☑ **10** 新薬の開発に社運を力ける。

解　答	解　説
不祥事（ふしょうじ）	不祥事（ふしょうじ）：不都合で、好ましくない事件。 出例　奨励（しょうれい）／嵩尚（こうしょう）
肖像（しょうぞう）	肖像（しょうぞう）：ある人の顔や姿を写した絵、写真、彫刻などの像。 出例　干渉（かんしょう）／償還（しょうかん）
均衡（きんこう）	均衡（きんこう）：釣り合いが取れていること。 出例　脊背（せこう）／貢献（こうけん）
側溝（そっこう）	側溝（そっこう）：排水のために、道路などのわきに設けられたみぞ。 出例　更新（こうしん）／荒涼（こうりょう）
搭乗（とうじょう）	搭乗（とうじょう）：航空機や船、列車などに乗り込むこと。 出例　追悼（ついとう）／陶酔（とうすい）
沸騰（ふっとう）	沸騰（ふっとう）：煮え立つこと。盛んになること。 出例　病棟（びょうとう）／水筒（すいとう）
閑静（かんせい）	閑静（かんせい）：落ち着いて、静かなさま。 出例　遺憾（いかん）／約歓（やっかん）
寛大（かんだい）	寛大（かんだい）：心が広く思いやりがあるさま。 出例　還元（かんげん）／陥落（かんらく）
駆け（か）	駆ける：馬などを速く走らせる。ある行動をとらせる。 出例　掛ける（か）／兼ねる（か）
懸ける（か）	懸ける：大切な物事に全てをささげる。物などを取り付ける。影響を及ぼす。取り扱う。 出例　交わす（か）／且つ（か）

同音・同訓異字②

次の＿＿線の**カタカナ**を**漢字**に直せ。

□ **01** 祖父は高齢になっても<u>ソウ</u>健だ。

□ **02** 偉人に関する面白い<u>ソウ</u>話を読んだ。

□ **03** <u>ユウ</u>長に構えていてよいのか。

□ **04** 兄は<u>ユウ</u>通が利かない性格をしている。

□ **05** 脱税の容疑で内<u>テイ</u>を行う。

□ **06** 記念品の贈<u>テイ</u>を行う。

□ **07** 態度が<u>ケン</u>虚だ。

□ **08** 汚職の<u>ケン</u>疑を受ける。

□ **09** 早朝の<u>ス</u>んだ空気を吸い込む。

□ **10** 庭石を<u>ス</u>える。

合格点

7/10

1回目

月　日　/10

2回目

月　日　/10

解　答

解　説

読み

部首

熟語の構成

四字熟語

対義語・類義語

同音・同訓異字

誤字訂正

漢字と送りがな

書き取り

そうけん 壮健	壮健：丈夫で元気であること。 出例 荘重／浴槽
そう わ 挿話	挿話：文章の中に入っている、短いエピソード。 出例 法曹／捜索
ゆうちょう 悠長	悠長：のんびりしてあわてないさま。 出例 余裕／猶予
ゆうずう 融通	融通：円滑に通じること。必要に応じて、器用に処理すること。 出例 勧誘／英雄
ないてい 内偵	内偵：相手に気づかれないよう、ひそかに探ること。 出例 逓減／料亭
ぞうてい 贈呈	贈呈：人に物などを差し上げること。 出例 官邸／出廷
けんきょ 謙虚	謙虚：自己の存在を低くして、相手を立てる姿勢を持つさま。控えめな態度。 出例 顕著／懸案
けん ぎ 嫌疑	嫌疑：犯罪などの疑いがかかること。 出例 貢献／兼用
す んだ 澄んだ	澄む：空にくもり、液体に濁りがなく、すき通った状態になる。 出例 擦る／済む
す える 据える	据える：動かないように置く。落ち着かせる。 出例 透かす／好く

同音・同訓異字③

次の＿＿線の**カタカナ**を**漢字**に直せ。

☑ **01** キョウ楽的な生活をとがめる。

☑ **02** 非行少年をキョウ正したい。

☑ **03** 一大セン風が巻き起こる。

☑ **04** 言葉だけで実センが伴わない。

☑ **05** 不正に対してチョウ罰を加える。

☑ **06** チョウ問客への対応に追われた。

☑ **07** 事件のカク心に迫る。

☑ **08** 男性は大声で威カクした。

☑ **09** 離れた距離をツめるのは難しい。

☑ **10** 居酒屋でツけ物を注文した。

解答 / 解説

解答	解説
享楽（きょうらく）	享楽：快楽を味わうこと。 出例 恭順（きょうじゅん）／恐竜（きょうりゅう）
矯正（きょうせい）	矯正：欠点などを直して正しくすること。 出例 妥協（だきょう）／狂奔（きょうほん）
旋風（せんぷう）	旋風：社会の反響を呼ぶ出来事。突発的な強い風。つむじ風。 出例 変遷（へんせん）／消火栓（しょうかせん）
実践（じっせん）	実践：実際に行うこと。 出例 潜伏（せんぷく）／繊維（せんい）
懲罰（ちょうばつ）	懲罰：不正を犯した人に、所属団体が戒めの罰を与えること。 出例 挑戦（ちょうせん）／眺望（ちょうぼう）
弔問（ちょうもん）	弔問：遺族のもとを訪問し、お悔やみを言うこと。 出例 象徴（しょうちょう）／彫刻（ちょうこく）
核心（かくしん）	核心：物事の中心となる、大切な部分。 出例 地殻（ちかく）／拡充（かくじゅう）
威嚇（いかく）	威嚇：威力や武力で相手をこわがらせること。 出例 隔世（かくせい）／比較（ひかく）
詰める（つめる）	詰める：物を入れていっぱいにする。すきまがないようにする。ふさぐ。最後のところまで言う。出例 摘む（つむ）／釣る（つる）
漬け（つけ）	漬ける：物を液体の中に入れる、ひたす。つけ物にする。 出例 継ぐ（つぐ）／就く（つく）

次の＿＿線の**カタカナ**を**漢字**に直せ。

☑ **01** あまりにも過ジョウな反応だ。

☑ **02** 汚水のジョウ化を試みる。

☑ **03** 午後から解ボウの授業だ。

☑ **04** 兄はボウ績工場で働いている。

☑ **05** 他国にも多大なヘイ害を及ぼした。

☑ **06** 大国が周囲の小国をヘイ合した。

☑ **07** いつしか兄とソ遠になった。

☑ **08** まずソ像の習作をつくる。

☑ **09** サンダルをハいて出かける。

☑ **10** 夕日が海面にハえる。

解 答	解 説
過剰 か じょう	過剰：必要十分な程度をさらに超えていること。 出例 醸成／土壌
浄化 じょう か	浄化：よごれた水や空気などをきれいにすること。 出例 譲歩／頑丈
解剖 かい ぼう	解剖：生物の死体を切り開いて調べること。 出例 傍聴／謀略
紡績 ぼう せき	紡績：原料の繊維から、糸をつむぐこと。 出例 忙殺／暴騰
弊害 へい がい	弊害：良くない影響。ほかに及ぼす悪い点。 出例 紙幣／丙
併合 へい ごう	併合：複数のものをあわせて、一つにすること。 出例 塀／並列
疎遠 そ えん	疎遠：交流がほとんどなくなっている状態。 出例 租借／阻喪
塑像 そ ぞう	塑像：石こうや粘土などで作る像。 出例 訴訟／粗悪
履いて は	履く：靴・靴下などを足につけること。 出例 吐く／掃く
映える は	映える：光を浴びて輝き、引き立つ。みごとに調和している。 出例 跳ねる／刃

読み 部首 熟語の構成 四字熟語 対義語・類義語 同音・同訓異字 誤字訂正 漢字と送りがな 書き取り

同音・同訓異字⑤

次の___線の**カタカナ**を**漢字**に直せ。

☐ **01** 厄カイな問題に関わりたくない。

☐ **02** 誘カイ事件を解決する。

☐ **03** 体力の消モウが著しい。

☐ **04** 多数の動物をモウ羅した図鑑だ。

☐ **05** 寝不足でスイ魔に襲われる。

☐ **06** 総スイとして辣腕を振るう。

☐ **07** 時ギを得た政策だ。

☐ **08** 事の真ギを確かめる。

☐ **09** 失敗してさすがにコりた。

☐ **10** 肩がコっている。

解 答	解 説

読み

部首

熟語の構成

四字熟語

対義語・類義語

同音・同訓異字

誤字訂正

漢字と送りがな

書き取り

厄介
やっかい

厄介：わずらわしく面倒なこと。面倒をみること、世話になること。
出例 団塊／警戒

誘拐
ゆうかい

誘拐：人をだますなどして連れ出すこと。
出例 懐柔／石灰

消耗
しょうもう

消耗：使って減ること、減らすこと。
出例 盲点／妄想

網羅
もうら

網羅：残らず取り入れること。
出例 猛暑／本望

睡魔
すいま

睡魔：強い眠気。
出例 心酔／紡錘

総帥
そうすい

総帥：全軍を率いる総大将。
出例 推薦／吹奏楽

時宜
じぎ

時宜：何かをするのにちょうどいい時期。
出例 擬人法／威儀

真偽
しんぎ

真偽：正しいか間違いか。本物かにせ物か。
出例 児戯／詐欺

懲りた
こ

懲りる：いやな目にあい、同じことを二度としない気持ちを持つ。
出例 焦がれる／肥える

凝って
こ

凝る：筋肉が張って固くなる。細部まで工夫する。度を越して夢中になる。
出例 越える／込める

次の各文にまちがって使われている**同じ読みの漢字**が**一字**ある。**誤字**と**正しい漢字**を答えよ。

☑ **01** 繊衣に特殊な加工を施したシャツは透湿性が高く発汗してもすぐに乾く。

☑ **02** 新製品の頒売促進を兼ねて全国で一斉に広告を展開することになった。

☑ **03** 長年系統してきた生活習慣を急に変えることは非常に難しい。

☑ **04** 新製品には多数の利用者の意見を反映させた様々な機能が搭採された。

☑ **05** 研究所のもつ分析力を苦使して事故の本当の原因を探った。

☑ **06** 警察は模倣品を密かに製造・販売する集団の捜査を進め的発の機会を狙った。

☑ **07** 湖の生態系の変化は外来種の魚の繁嘱によるもので早急な対策が検討された。

☑ **08** 建築資材の価格高騰が予想される状況下では住宅購入を決断する人が急増した。

☑ **09** 昨今の児童数減少により、伝統と由緒のある学校の統敗合が行われた。

☑ **10** 事件の真犯人であると推測できるが、断定するには決定的な証固が足りない。

解 答	解 説
衣 → 維	繊維：きわめて細い糸状のもの。 豆「繊・維」はともに糸状のもの、「緯」は横糸の意
頒 → 販	販売：品物を売ること。
系 → 継	継続：以前からの状態や、していたことがそのまま続くこと。また、続けること。
採 → 載	搭載：機械などに新しい機能をつけ加えること。貨車・車両・航空機などに荷物を積み込むこと。
苦 → 駆	駆使：追い立てて使うこと。自由に使いこなすこと。
的 → 摘	摘発：悪事をあばいて世間に発表すること。
嘱 → 殖	繁殖：動植物の個体数が増えること。
謄 → 騰	高騰：物価などが大きく上がること。
敗 → 廃	統廃合：組織などを廃止したり、合併したりすること。
固 → 拠	証拠：事実を明らかにするためのよりどころ。

右端縦書き：読み　部首　熟語の構成　四字熟語　対義語・類義語　同音・同訓異字　誤字訂正　漢字と送りがな　書き取り

次の各文にまちがって使われている**同じ読みの漢字**が**一字**ある。**誤字**と**正しい漢字**を答えよ。

☑ **01** 独自の栽媒法を見学したいと、全国各地から農業関係者が殺到している。

☑ **02** 飼育している動物の無制限な煩殖は、騒音など周囲に迷惑をかける恐れがある。

☑ **03** 民衆が苦労して確得した権利を手放すことは簡単に承諾できない。

☑ **04** 治安部隊は巧議活動を行う人に対して放水や催涙弾を発射した。

☑ **05** 電気自動車の普及をはじめ、地球還境を考慮することは世界的な常識である。

☑ **06** 長年争っていた隣国に征服され伝統的な文化や言葉は破戒された。

☑ **07** 災害時、住民に非難指示を迅速に伝えることが喫緊の課題である。

☑ **08** 山を縦走中の集団からの連絡が途絶え現在捜索中だが、消息は以然不明である。

☑ **09** 状境が不利になるほど勝負魂が燃え盛り、劇的な逆転勝利を実現した。

☑ **10** 台風が本州を縦断し、堤防決壊や土砂崩れ、家屋倒壊などの披害が生じた。

解答	解説
媒 → 培	栽培：植物などを植えて、育てること。
煩 → 繁	繁殖：動植物の個体数が増えること。
確 → 獲	獲得：自分の物にすること。 （豆）「獲」は「入手する」の意、「穫」は「刈り取る」の意
巧 → 抗	抗議：相手の発言や決定などを不当であるとして、反対の意見を主張すること。
還 → 環	環境：人間や生物を取り巻く周囲の状態。
戒 → 壊	破壊：うちこわすこと。こわれること。
非 → 避	避難：災害を避けて、安全な場所に移動すること。
以 → 依	依然：何も変わらないこと。 （豆）「以前」は「今より前」の意
境 → 況	状況：推移していくなかでの、その時その時のありさま。
披 → 被	被害：損害や危害を受けること。

次の＿＿線の**カタカナ**を**漢字一字**と**送りがな（ひらがな）**に直せ。　質問に<u>コタエル</u>。 答える

☑ **01** パンをスープに<u>ヒタス</u>。

☑ **02** 雪山の頂が日に<u>カガヤイテ</u>いる。

☑ **03** 自分の未熟さを<u>ハジル</u>。

☑ **04** 寒さがようやく<u>ウスライデ</u>きた。

☑ **05** <u>オソラク</u>雨は降らないだろう。

☑ **06** まだ勘が<u>ニブッテ</u>いる。

☑ **07** 自分の考えはまだまだ<u>アマイ</u>。

☑ **08** 友人に良い影響を<u>オヨボス</u>。

☑ **09** 深夜の騒音に<u>ナヤマサレル</u>。

☑ **10** 先生の<u>イマシメ</u>を守り続けた。

解答　　　解説

読み / 部首 / 熟語の構成 / 四字熟語 / 対義語・類義語 / 同音・同訓異字 / 誤字訂正 / 漢字と送りがな / 書き取り

解答	解説
浸す	浸す：液体の中につける。 **出例** 浸る
輝いて	輝く：きらきらと光る。きらめく。 **出例** 輝かしい
恥じる	恥じる：はずかしいと思う。ひけをとる。 **出例** 恥じらう
薄らいで	薄らぐ：だんだんとうすくなっていく。 **出例** 薄める／薄まる
恐らく	恐らく：きっと、たぶん。推量をあらわす語。 **出例** 恐ろしい／恐れる
鈍って	鈍る：刃物の切れ味が悪い。鈍感だ。 **出例** 鈍い
甘い	甘い：糖分の味がする。厳しさに欠けている様子。 **出例** 甘やかす／甘んじる
及ぼす	及ぼす：力や影響が届くようにする。 **出例** 及ぶ
悩まされる	悩ます：苦しめる。気持ちなどをなやむようにする。 **出例** 悩む
戒め	戒める：同じあやまちを犯さないようにしかる。用心する。慎ませる。

次の＿＿線の**カタカナを漢字一字**と**送りがな（ひらがな）**に直せ。 質問に<u>コタエル</u>。 答える

☑ **01** 多くの栄養素を<u>フクム</u>食品だ。

☑ **02** 店の経営が<u>カタムク</u>。

☑ **03** 太陽の光にガラスを<u>スカス</u>。

☑ **04** 社長のお宅に<u>ウカガウ</u>。

☑ **05** 大きい損害を<u>コウムッタ</u>。

☑ **06** 兄のやり方は<u>キタナイ</u>。

☑ **07** 不況で工場が閉鎖し町が<u>サビレル</u>。

☑ **08** 大きな包みを<u>カカエル</u>。

☑ **09** 父は<u>タノモシイ</u>存在だ。

☑ **10** そっと耳を<u>スマス</u>。

解答　　　　　解説

読み ｜ 部首 ｜ 熟語の構成 ｜ 四字熟語 ｜ 対義語・類義語 ｜ 同音・同訓異字 ｜ 誤字訂正 ｜ 漢字と送りがな ｜ 書き取り

含む
含む：ある範囲や内部に入っている。口の中に入れたままの状態を保つ。
出例 含める

傾く
傾く：斜めになる。ある傾向をおびる。
出例 傾ける

透かす
透かす：すき間を少しあける。間隔を粗くする。すけて見えるようにする。
出例 透ける

伺う
伺う：問う・聞く・訪れるの謙譲表現。

被った
被る：恩や害を受ける。
✕被むった

汚い
汚い：きたない。清らかでなく不快である。
出例 汚れる

寂れる
寂れる：人が集まらなくなること。
出例 寂しい

抱える
抱える：両腕で囲むようにして持つ。
出例 抱く

頼もしい
頼もしい：たよりがありそうで心強い。
出例 頼る

澄ます
澄ます：雑念を払い心を集中させる。混じりけをなくす。
出例 澄む

87

漢字と送りがな③

次の＿＿線の**カタカナ**を**漢字一字**と**送りがな**（**ひらがな**）に直せ。　　質問に<u>コタエル</u>。 答える

☐ **01** <u>アザヤカ</u>な色のドレスを着る。

☐ **02** 古い家の柱が<u>クチル</u>。

☐ **03** 洗濯物を<u>タタンデ</u>おくよう言われる。

☐ **04** 反対票が七割を<u>シメル</u>。

☐ **05** なんとも<u>ナゲカワシイ</u>話だ。

☐ **06** 久々の再会で話が<u>ハズンダ</u>。

☐ **07** 借金の返済を<u>セマル</u>。

☐ **08** 犯人は間もなく<u>ツカマル</u>だろう。

☐ **09** 師に<u>オトラナイ</u>技術の持ち主だ。

☐ **10** 商品を大切に<u>アツカウ</u>。

解答　　　　　　　　　解説

読み

部首

熟語の構成

四字熟語

対義語・類義語

同音・同訓異字

誤字訂正

漢字と送りがな

書き取り

鮮やか	鮮やか：色や形がはっきりと明るく、目立つさま。見事なさま。
朽ちる	朽ちる：ぼろぼろに腐る。失われる。
畳んで	畳む：広がっているものを折って小さくする。開いているものを閉じる。
占める	占める：一定の範囲・割合を有する。自分だけの物にする。 出例 占う
嘆かわしい	嘆かわしい：怒りたくなるほど情けない。 ✕嘆わしい
弾んだ	弾む：調子づく。弾力のあるものが何かに当たってはね返る。 出例 弾く
迫る	迫る：強く求める。目前に近づく。
捕まる	捕まる：とりおさえられる。 出例 捕まえる
劣らない	劣る：価値や能力などが、他よりも低い状態にある。
扱う	扱う：持ったり動かしたりして使う。管理・売買する。 ✕扱かう

次の＿＿＿線の**カタカナ**を**漢字**に直せ。

☑ **01** 劇の<u>キャクショク</u>を任された。

☑ **02** 酸化<u>カンゲン</u>反応の実験を行う。

☑ **03** 光の<u>クッセツ</u>率を調べる。

☑ **04** 変化に<u>キビン</u>に対応する。

☑ **05** 立ち寄った<u>ケイセキ</u>はない。

☑ **06** 犯人の立てこもる家に<u>トツニュウ</u>した。

☑ **07** <u>カタガ</u>きは立派だが中身が伴わない。

☑ **08** 根を<u>ツ</u>めて勉強に取り組む。

☑ **09** 価格が<u>ノキナ</u>み下落した。

☑ **10** <u>アミダナ</u>に荷物を忘れる。

解 答	解 説

脚色（きゃくしょく）
脚色：事件や物語などを劇や映画で演じられる形に書くこと。
出例 脚本／健脚

還元（かんげん）
還元：酸化物から酸素を奪うこと。もとの形や性質に戻すこと。
出例 帰還／生還

屈折（くっせつ）
屈折：おれ曲がること。
出例 屈指／不屈

機敏（きびん）
機敏：状況に応じてすばやく行動するさま。
出例 敏感／敏腕
対義語 遅鈍／鈍重　類義語 機動／敏速

形跡（けいせき）
形跡：何かが行われたあと。
出例 足跡／追跡／跡形

突入（とつにゅう）
突入：勢いよく中にはいること。
出例 突進／突拍子／突く

肩書き（かたがき）
肩書き：人の職名や地位など。
出例 肩幅／肩身

詰めて（つめて）
詰める：容器などに物を入れること。
出例 箱詰め／詰まる　豆 「根を詰める」は、一つの物事だけに集中して続けて行うこと

軒並み（のきなみ）
軒並み：一様に。のきがならんでいる家なみ。
出例 軒下／軒先

網棚（あみだな）
網棚：電車などの上方にある荷物を置くためのたな。
出例 棚／棚上げ

読み／部首／熟語の構成／四字熟語／対義語・類義語／同音・同訓異字／誤字訂正／漢字と送りがな／書き取り

次の＿＿線の**カタカナ**を**漢字**に直せ。

☑ **01** アネッタイ地域特有の植物だ。

☑ **02** 自宅をキョテンとして活動する。

☑ **03** ソウゴに留学生を交換している。

☑ **04** 突き指によるエンショウを起こしている。

☑ **05** アンモクの了解のもと実行された。

☑ **06** 人間関係にもハイリョしたい。

☑ **07** イクエにもおわび申し上げます。

☑ **08** 背水の陣をシく。

☑ **09** 朝からイヤな気分にさせられた。

☑ **10** 野菜がニツまって良い匂_{にお}いがする。

解 答	解 説

亜熱帯
あねったい

亜熱帯：ねったいの次に温暖な気候の地域。
出例 白亜／亜流

拠点
きょてん

拠点：活動のよりどころとなる重要な地点。
出例 根拠／証拠

相互
そうご

相互：双方で同じ働きかけをすること。おたがい。
出例 互角／交互／互いに

炎症
えんしょう

炎症：体に発熱や腫れ、痛みなどの症状が生じること。
出例 症状／発症

暗黙
あんもく

暗黙：口に出さず、だまっていること。
出例 黙想／黙秘／黙る

配慮
はいりょ

配慮：心くばりをすること。
出例 遠慮／思慮
類義語 考慮

幾重
いくえ

幾重：いくつかのかさなり。何度も。
出例 幾ら／幾多

敷く
し

敷く：一定の範囲に行き渡らせる。面積のあるものを置く。
出例 屋敷／座敷

嫌
いや

嫌：やりたくない・ほしくない・受け入れたくないという気持ち。
出例 嫌い／嫌う／機嫌

煮詰まって
につ

煮詰まる：十分に煮込んで水分が減った状態。議論が十分に行われて結論が出せる状態。
出例 煮物／煮える

次の＿＿線の**カタカナ**を**漢字**に直せ。

☑ **01** 今回の選挙で野党が<u>ヤクシン</u>した。

☑ **02** 現代社会を<u>ツウレツ</u>に批判する。

☑ **03** 難問と<u>カクトウ</u>した。

☑ **04** <u>ビリョク</u>ながらお手伝いします。

☑ **05** 上司に失敗した原因を<u>シャクメイ</u>した。

☑ **06** 図書館に本を<u>ヘンキャク</u>する。

☑ **07** <u>シモヤ</u>けの指にクリームを塗る。

☑ **08** きゅうりをぬかに<u>ツ</u>ける。

☑ **09** 親友のために<u>ヒトハダ</u>脱ぐ。

☑ **10** 記憶は徐々に<u>ウス</u>らぐ。

解答	解説
躍進 やくしん	躍進：大きく進出すること。 **出例** 飛躍／躍動 **豆**「躍」は「飛びはねる」の意
痛烈 つうれつ	痛烈：激しく責めたてるさま。 **出例** 強烈／熱烈　**豆**「烈」は「勢いが激しい」の意　✕痛裂
格闘 かくとう	格闘：組み合って戦うこと。困難な事柄に懸命に取り組むこと。 **出例** 健闘／闘病
微力 びりょく	微力：力・力量がわずかであること。 **出例** 微風／微熱 **対義語** 強力　**類義語** 非力
釈明 しゃくめい	釈明：誤解や非難などに対して、自分の立場や事情を説明して理解を求めること。 **出例** 解釈／注釈
返却 へんきゃく	返却：借りた物をかえすこと。 **出例** 忘却／売却 **類義語** 返還／返済／返戻
霜焼け しもやけ	霜焼け：寒さのために手足の先などがはれること。 **出例** 霜降り／霜柱
漬ける つける	漬ける：液体の中に入れておく。ひたす。漬物にする。 **出例** 塩漬け／茶漬け
一肌 ひとはだ	一肌：「一肌脱ぐ」は他人のために本気で力を貸すこと。 **出例** 肌／肌荒れ
薄らぐ うすらぐ	薄らぐ：少しずつ薄くなる。程度が弱まる。 **出例** 薄い／薄着

次の＿＿線の**カタカナ**を**漢字**に直せ。

☑ **01** 事件の<u>ホッタン</u>を捜査する。

☑ **02** この製品は<u>ヨウト</u>が広い。

☑ **03** 父の郷里も<u>カソ</u>化が進んでいる。

☑ **04** <u>イリョウ</u>事務の資格を取る。

☑ **05** 難民に<u>エンゴ</u>の手を差し伸べる。

☑ **06** 敵の油断を誘い<u>ギャクシュウ</u>する。

☑ **07** 事を<u>アラダ</u>てても解決しない。

☑ **08** 後継者がないので店を<u>タタ</u>む。

☑ **09** 怠けていて<u>ウデ</u>が落ちた。

☑ **10** 部屋の<u>スミ</u>でうずくまる。

解答 / 解説

発端（ほったん）
発端：事のおこり。いとぐち。
出例 極端／最先端／端

用途（ようと）
用途：使い道。
出例 別途

過疎（かそ）
過疎：ある地域の人口が流出し、少なすぎる状態になっていること。
出例 疎通／疎外

医療（いりょう）
医療：薬や技術・設備により、病気や傷を治すこと。
出例 療養／治療

援護（えんご）
援護：困っている人を助けたり、保護したりすること。
出例 応援／声援　類義語 援助／救援／救護

逆襲（ぎゃくしゅう）
逆襲：攻撃されていた者が、反対に攻撃に転じること。
出例 世襲／空襲／襲う

荒立てて（あらだてて）
荒立てる：殊更に混乱させたり荒々しくしたりする。
出例 荒い／荒らす

畳む（たたむ）
畳む：折って小さくまとめる。小さくする。商売などをやめる。心中に秘めておく。積み重ねる。出例 畳／六畳

腕（うで）
腕：技術。肩から手首にかけての部分。
出例 腕前／腕試し／手腕／腕力

隅（すみ）
隅：一定の区画のかど。中央でない場所。端。
出例 片隅

読み／部首／熟語の構成／四字熟語／対義語・類義語／同音・同訓異字／誤字訂正／漢字と送りがな／書き取り

97

次の＿＿線の**カタカナ**を**漢字**に直せ。

☐ **01** 有給**キュウカ**をとった。

☐ **02** 仲直りを**チュウカイ**してもらう。

☐ **03** 南極点に**トウタツ**した。

☐ **04** 紙面の関係で一部を**カツアイ**する。

☐ **05** 優秀な人材を**ハイシュツ**してきた学校だ。

☐ **06** **ジュウナン**な対応を褒められた。

☐ **07** 予定を三日**ク**り延べる。

☐ **08** ズボンの**タケ**が短くなった。

☐ **09** **イモ**をふかして食べる。

☐ **10** 容疑者の**ミガラ**を送検した。

解 答	解 説
きゅう か 休暇	休暇：一般的な休日以外で、職場や学校などが認める休日。 出例 寸暇／余暇／暇
ちゅうかい 仲介	仲介：当事者同士の間に入って物事をまとめること。 出例 介入／介抱
とうたつ 到達	到達：目指す地点にたどり着くこと。 出例 殺到／周到／到る
かつあい 割愛	割愛：惜しく思いながら省略すること。 出例 分割 ✕割合／割哀
はいしゅつ 輩出	輩出：優秀な人物が多く世にでること。 出例 先輩／後輩
じゅうなん 柔軟	柔軟：やわらかで、しなやかなさま。
く 繰り	繰る：順に送る。たぐる。 出例 手繰る ✕操
たけ 丈	丈：物や人の高さ。衣服などの長さ。 出例 背丈
いも 芋	芋：サトイモ、ジャガイモなどのでんぷんなどが豊富なイモ類の総称。 出例 芋掘り／里芋
み がら 身柄	身柄：当人の体。該当者本人。 出例 小柄／絵柄

読み / 部首 / 熟語の構成 / 四字熟語 / 対義語・類義語 / 同音・同訓異字 / 誤字訂正 / 漢字と送りがな / 書き取り

99

次の＿＿線の**カタカナ**を**漢字**に直せ。

☑ **01** <u>ギワク</u>の判定に会場がざわつく。

☑ **02** <u>ソウダイ</u>な景色を写真に撮る。

☑ **03** 難関大学に<u>チョウセン</u>する。

☑ **04** 大陸の<u>ハケン</u>を懸けて国が争う。

☑ **05** 政治の<u>フハイ</u>を嘆く。

☑ **06** 誤った箇所に<u>シャセン</u>を引く。

☑ **07** 実家の<u>イネカ</u>りを手伝いに帰郷する。

☑ **08** 川の水が<u>ス</u>んでいる。

☑ **09** 日記を引き出しの<u>オク</u>に隠す。

☑ **10** 空が急に<u>クモ</u>ってきた。

A
頻出度

合格点
7/10

1回目
月　日／10

2回目
月　日／10

解答	解説
疑惑 （ぎわく）	疑惑：不正があるのではないかと疑いを持つこと。その気持ち。 出例 惑星／困惑／惑う
壮大 （そうだい）	壮大：規模が大きく、立派であるさま。 出例 壮絶
挑戦 （ちょうせん）	挑戦：難題にいどむこと。戦いをしかけること。 出例 挑発／挑む
覇権 （はけん）	覇権：覇者の権力、支配力。優勝などによって得る栄誉。 出例 制覇／覇気
腐敗 （ふはい）	腐敗：微生物の作用などでくさること。悪徳がまん延すること。 出例 豆腐／防腐剤／腐る／腐らす
斜線 （しゃせん）	斜線：ななめの線。一つの直線または平面に直角または平行でない線。 出例 斜面／斜め
稲刈り （いねかり）	稲刈り：実った稲をかり取ること。 出例 稲妻／稲作
澄んで （すんで）	澄む：濁りのないすきとおった状態。曇りがない。よく響く。心がすっきりしている。 出例 澄ます
奥 （おく）	奥：表から離れた深く入った所。 出例 奥底／山奥
曇って （くもって）	曇る：空が雲で覆われるさま。 ✕雲

読み

部首

熟語の構成

四字熟語

対義語・類義語

同音・同訓異字

誤字訂正

漢字と送りがな

書き取り

次の＿＿線の**カタカナ**を**漢字**に直せ。

☑ **01** 立った<u>シュンカン</u>に痛みを感じた。

☑ **02** 駐車違反で<u>バッキン</u>を科せられた。

☑ **03** 弁当の移動<u>ハンバイ</u>を行う。

☑ **04** 一生<u>ボンジン</u>のままで終わる。

☑ **05** 荷物を<u>マンサイ</u>したトラックを運転する。

☑ **06** 納得がいかない判定に<u>コウギ</u>する。

☑ **07** クワガタムシを雄と<u>メス</u>のつがいで飼う。

☑ **08** 電車で人の足を<u>フ</u>んでしまった。

☑ **09** 下駄箱で<u>ウワグツ</u>に履き替える。

☑ **10** 氷のかたまりを<u>クダ</u>く。

合格点	1回目	2回目
7/10	月 日 /**10**	月 日 /**10**

解答 | ## 解説

読み

部首

熟語の構成

四字熟語

対義語・類義語

同音・同訓異字

誤字訂正

漢字と送りがな

書き取り

瞬間
しゅんかん

瞬間：ごくわずかな時間。何かをしたちょうどその直後。
出例 一瞬／瞬時

罰金
ばっきん

罰金：罰として支払わせる金銭。犯罪の処罰として支払わせる金銭。
出例 罰則／罰

販売
はんばい

販売：商品をうること。
出例 市販／販路

凡人
ぼんじん

凡人：普通の人。目立った才能や技量などのない人。出例 非凡／平凡
類義語 凡夫

満載
まんさい

満載：搬送用機材に荷物を十分にのせること。
出例 連載／記載／載る／載せる 豆「のせる」には「乗・載」の両方があるので、使い方を確認したい

抗議
こうぎ

抗議：相手の発言や行動などに反対意見を述べること。
出例 対抗／抗争

雌
めす

雌：メス。人間にたとえると女性に当たるほう。
出例 雌花／雌雄

踏んで
ふ

踏む：足で上から押さえる。足で上からのる。
出例 足踏み／踏まえる／踏襲／踏破

上靴
うわぐつ

上靴：屋内ではくためのくつ。
出例 雨靴

砕く
くだ

砕く：力を加えて物を細かくする。勢いを弱める。思い悩む。わかりやすく説明する。
出例 砕ける／粉砕

次の＿＿線の**カタカナ**を**漢字**に直せ。

☑ **01** 氷点下での<u>タイカン</u>試験を行う。

☑ **02** 火口から<u>フンエン</u>が立ち上る。

☑ **03** 自分の力を<u>コジ</u>する。

☑ **04** 親友の<u>キンキョウ</u>を聞く。

☑ **05** <u>ケイシャ</u>のきつい坂を登る。

☑ **06** 自分の感情を<u>セイギョ</u>する。

☑ **07** 人生を医療にささげると<u>チカ</u>った。

☑ **08** <u>ムネ</u>上げ式を行う。

☑ **09** <u>ミチハバ</u>を広げる工事が始まる。

☑ **10** 特大のホームランに球場が<u>ワ</u>いた。

解答 / 解説

読み　部首　熟語の構成　四字熟語　対義語・類義語　同音・同訓異字　誤字訂正　漢字と送りがな　書き取り

耐寒 たいかん
耐寒：寒さにたえること。
出例 耐久／耐熱
対義語 耐暑／耐熱

噴煙 ふんえん
噴煙：ふき出している煙。
出例 噴出／噴火／噴く
✕憤煙／墳煙

誇示 こじ
誇示：得意げに人に見せつけること。
出例 誇張／誇る

近況 きんきょう
近況：最近の様子。
出例 不況／実況

傾斜 けいしゃ
傾斜：傾いて斜めになること、その度合い。考え方がある方向に偏っていくこと。
出例 傾向／傾注／傾ける

制御 せいぎょ
制御：自分の思い通りに動かすこと。
出例 御中／御殿

誓った ちか
誓う：神仏や他人、自分自身の心などに約束する。
出例 誓い／宣誓

棟 むね
棟：屋根のいちばん高いところ。
出例 別棟／棟上げ／病棟

道幅 みちはば
道幅：道路のはば。
出例 大幅／増幅

沸いた わ
沸く：会場内が興奮状態になる。水などが熱くなる。
出例 沸かす／沸騰

書き取り⑨

次の＿＿線の**カタカナ**を**漢字**に直せ。

☑ **01** ノウムで前がよく見えない。

☑ **02** 飛行機はリリクのため滑走路に移動した。

☑ **03** 怒られてシンミョウな態度をとる。

☑ **04** 独特のシキサイ感覚をもつ画家だ。

☑ **05** フウシ漫画から当時の様子を知る。

☑ **06** ジョバンから積極的に攻めた。

☑ **07** 冷夏で野生動物がウえる。

☑ **08** これではまるで田舎シバイだ。

☑ **09** 川でマスヅりを楽しんだ。

☑ **10** 庭がヨツユにぬれていた。

解 答	解 説
濃霧 のう む	濃霧：濃くたちこめた霧。 **出例** 濃淡／濃い
離陸 り りく	離陸：航空機などが地面をはなれて飛び立つこと。 **出例** 離乳／分離／乳離れ
神妙 しんみょう	神妙：けなげなさま。態度がすなおで、おとなしいこと。 **出例** 絶妙／妙
色彩 しきさい	色彩：いろどり、いろあい。物事の傾向や様子のこと。 **出例** 水彩画／迷彩
風刺 ふう し	風刺：社会や人物を遠回しに批判すること。 **出例** 刺客／名刺／刺す／刺さる
序盤 じょ ばん	序盤：ひと続きの物事のはじめの状況。 **出例** 円盤／吸盤
飢える う	飢える：食物が足りなくてひどく腹がへる。 **出例** 飢餓
芝居 しば い	芝居：歌舞伎や新派などの演劇。 **出例** 芝
釣り つ	釣る：さおに付けた糸と釣り針で、魚などをとること。 **出例** 釣る
夜露 よ つゆ	夜露：夜の間に降りるつゆ。 **出例** 朝露／雨露／露骨／暴露

読み　部首　熟語の構成　四字熟語　対義語・類義語　同音・同訓異字　誤字訂正　漢字と送りがな　書き取り

次の＿＿線の**カタカナ**を**漢字**に直せ。

☑ **01** <u>イセイ</u>のよいのも最初だけだ。

☑ **02** <u>エイイ</u>努力をいたします。

☑ **03** <u>カンダイ</u>な目で見守る。

☑ **04** すぐ相手に<u>ゲイゴウ</u>してしまう。

☑ **05** 女優が<u>コンヤク</u>会見を開いた。

☑ **06** 人気店に<u>チョウダ</u>の列ができている。

☑ **07** わずかなミスで人生を棒に<u>フ</u>った。

☑ **08** <u>モノゴシ</u>の柔らかい人だ。

☑ **09** <u>チマナコ</u>になって迷子を探した。

☑ **10** 一日も早い全快を<u>イノ</u>る。

解 答	解 説

威勢
いせい

威勢：元気ないきおい。人を従わせるような力。
出例 威張る ❌偉勢／意勢

鋭意
えいい

鋭意：気持ちを集中して励むこと。
出例 鋭利／精鋭／鋭い

寛大
かんだい

寛大：器が大きく、むやみに人を責めたりしないこと。
出例 寛容

迎合
げいごう

迎合：自分の考えを変えてでも他人に気に入られようとすること。
出例 送迎／迎える

婚約
こんやく

婚約：結婚の約束をすること。
出例 婚礼／新婚

長蛇
ちょうだ

長蛇：長いへび。長く並んでいるもののたとえ。
出例 蛇口／蛇足／蛇／蛇腹

振った
ふ

振る：やむを得ずに捨てる。物などをすばやく往復させるように動かす。
出例 振替／振興／不振 ❌降る

物腰
ものごし

物腰：人と接するときの態度や言葉遣い。
出例 腰／弱腰

血眼
ちまなこ

血眼：ほかのことには目もくれず、夢中になって探したり見たりするさま。興奮・逆上して赤く血走った目。**出例** 眼

祈る
いの

祈る：神仏などに願う。心から望む。
出例 祈り／祈念／祈願

書き取り⑪

次の___線の**カタカナ**を**漢字**に直せ。

☑ **01** 知人の<u>ヒロウ</u>宴に招かれた。

☑ **02** 英雄には多くの<u>イツワ</u>がある。

☑ **03** 今までの<u>ショウガイ</u>で海外に行ったことがない。

☑ **04** 妹は非常に<u>ガンコ</u>な性格だ。

☑ **05** 通貨の<u>ギゾウ</u>は大きな犯罪だ。

☑ **06** <u>ケイコウ</u>ペンで大事な文に線を引く。

☑ **07** <u>コヨミ</u>のうえでは春になった。

☑ **08** 精も根も<u>ツ</u>きる。

☑ **09** レポートの提出期限が<u>セマ</u>る。

☑ **10** 周囲を<u>カナアミ</u>で囲む。

解 答	解 説
披露 ひろう	披露：広く知らせること。
逸話 いつわ	逸話：その人についての、あまり知られていない興味深いエピソード。 **出例** 逸する／散逸
生涯 しょうがい	生涯：一生。人生。生きている期間。
頑固 がんこ	頑固：かたくなで、考えや態度を改めようとしないさま。
偽造 ぎぞう	偽造：にせものをつくること。 **出例** 真偽／偽る
蛍光 けいこう	蛍光：ほたるが発する光。ルミネセンスによる光全般。 **出例** 蛍光灯／蛍
暦 こよみ	暦：年月日・曜日・祝祭日・太陽と月の運行・季節の移り変わりなどを記したもの。 **出例** 旧暦 ❌歴
尽きる つきる	尽きる：徐々に減って、なくなる。終わる。それですべてが言いつくされる。 **出例** 尽くす／尽力／理不尽
迫る せまる	迫る：近づいてくる。 **出例** 迫真／切迫
金網 かなあみ	金網：針金でできているあみ。 **出例** 網 ❌金綱

次の＿＿線の**漢字の読み**を**ひらがな**で答えよ。

□ **01** <u>慶弔</u>休暇を申請する。

□ **02** 先月応募して当選した<u>懸賞</u>品が届く。

□ **03** 商船が<u>岩礁</u>に乗り上げた。

□ **04** 割り算の<u>剰余</u>を切り捨てて答えよ。

□ **05** 将来は高校の<u>教諭</u>になりたい。

□ **06** 兄弟間の<u>相克</u>に苦しむ。

□ **07** <u>遮光</u>カーテンを買い求めた。

□ **08** 熱弁で会場が大いに<u>沸</u>いた。

□ **09** 原稿用紙の<u>升目</u>を埋める。

□ **10** 大いに飲み<u>且</u>つ食した。

読み
部首
熟語の構成
四字熟語
対義語類義語
同音同訓異字
誤字訂正
漢字と送りがな
書き取り

解答　　　　解説

けいちょう
慶弔：祝うべきことと、とむらうべきこと。
出例 慶事／同慶

けんしょう
懸賞：ある条件をつけて賞品や賞金をかけること。
出例 懸案／懸命／命懸け

がんしょう
岩礁：水面下に隠れたり、水面からわずかに出ている岩。
出例 暗礁／座礁

じょうよ
剰余：割り算の余りの部分。必要以上の余りの部分。
出例 過剰／剰員

きょうゆ
教諭：教員。教えさとすこと。
出例 説諭／諭旨／諭す

そうこく
相克：対立するものが、相手に勝とうとして互いに争うこと。
出例 克己心

しゃこう
遮光：ひかりをさえぎること。
出例 遮断／遮る

わいた
沸く：会場内が興奮状態になる。水などが熱くなる。
出例 沸かす／沸々／沸点

ますめ
升目：線などで区切られた枠内。升で量った量。
出例 升席

かつ
且つ：二つの要素が同時に存在したり、行われたりするさま。

次の＿＿線の**漢字の読み**を**ひらがな**で答えよ。

☑ **01** 恩師が急逝したとの連絡を受けた。

☑ **02** 異常現象の原因を解析する。

☑ **03** 名簿の頒価を安くしたい。

☑ **04** 軽侮の念を抱く。

☑ **05** コンサートは愉悦の一時だった。

☑ **06** 寛大な措置を願う。

☑ **07** 沿岸に艦艇が近づいてきた。

☑ **08** 聞くに堪えない悪口をとがめた。

☑ **09** 雨傘を学校に置き忘れる。

☑ **10** ご意見を承ります。

解 答	解 説
きゅうせい	急逝：突然死ぬこと。急死。 出例 逝去
かいせき	解析：細かく分析して明らかにすること。 出例 透析／分析
はんか	頒価：主に非売品を実費で頒布する際の価格。 出例 頒布
けいぶ	軽侮：相手を侮ること。 出例 侮辱
ゆえつ	愉悦：喜び、楽しむこと。 出例 愉快
かんだい	寛大：心が広く思いやりのあるさま。 出例 寛容／寛厳
かんてい	艦艇：戦闘力を持つ大小各種の船舶の総称。 出例 艦長
たえない	堪える：することができる。持ちこたえる。
あまがさ	雨傘：雨が降っているときにさすかさ。 出例 傘
うけたまわり	承る：「聞く・受ける・承知する」の謙譲表現。

読み
部首
熟語の構成
四字熟語
対義語類義語
同音同訓異字
誤字訂正
漢字と送りがな
書き取り

次の＿＿線の**漢字の読み**を**ひらがな**で答えよ。

☑ **01** 苦汁をなめさせられた。

☑ **02** 古代の宮廷の跡を発掘した。

☑ **03** 備忘録に書き留めておく。

☑ **04** 友人の発言は倫理的に許せない。

☑ **05** 父は懐古趣味をもつ。

☑ **06** 会社の定款を改める。

☑ **07** 祖父はとても偏屈な人物だ。

☑ **08** 専ら経理を担当した。

☑ **09** 国を挙げて喪に服した。

☑ **10** 敷地に蔵が二棟ある。

解答 　　　　　 解説

くじゅう	苦汁：苦しみ、悩むこと。 **出例** 墨汁／果汁／汁／汁粉
きゅうてい	宮廷：国王や天皇のいるところ。 **出例** 出廷
びぼうろく	備忘録：忘れたときのために書き留めておくメモ帳。 **出例** 忘我
りんり	倫理：道徳的な行動の原則。善悪の基準。 **出例** 人倫
かいこ	懐古：昔をなつかしく思うこと。 **出例** 懐石／本懐
ていかん	定款：社団法人や株式会社の目的や活動内容などの基本的な規則。 **出例** 約款／落款
へんくつ	偏屈：性質が素直でなく、ひねくれていること。 **出例** 偏向／偏重／偏る
もっぱら	専ら：一つのことだけをするさま。
も	喪：人が亡くなったことを受けて、その関係者が一定期間、交際などをできるだけ慎むこと。**出例** 喪中／喪失／喪心
くら	蔵：物をしまっておくための建物。 **出例** お蔵入り

読み

部首

熟語の構成

四字熟語

対義語・類義語

同音・同訓異字

誤字訂正

漢字と送りがな

書き取り

次の＿＿＿線の漢字の読みを**ひらがな**で答えよ。

☑ **01** 野暮な振る舞いを悔いる。

☑ **02** 友人は多数の係累をもつ。

☑ **03** 過去の地殻変動により出来た地形だ。

☑ **04** 顧客に成長株を推奨した。

☑ **05** 敗戦で国土の一部を割譲した。

☑ **06** 県内の交通事故は逓減している。

☑ **07** 妹は自由奔放な性格だ。

☑ **08** のどの渇きが甚だしい。

☑ **09** 朝から釣りに出かける。

☑ **10** 頬にあたる浦風が心地よい。

解答	解説

やぼ

野暮：微妙な心理や状況がわからないさま。
出例 暮春

けいるい

係累：面倒をみるべき一族の者。煩わしい事柄。
出例 累積／累計

ちかく

地殻：地球の表層の部分。
出例 甲殻／甲殻類／殻

すいしょう

推奨：優れている点をほめて、人にすすめること。
出例 勧奨／奨励

かつじょう

割譲：国土・権利・所有物などの一部を分け与えること。
出例 譲渡

ていげん

逓減：数量が少しずつ減っていくこと。
出例 逓増

ほんぽう

奔放：自分の思い通りにふるまうさま。
出例 奔走／狂奔

かわき

渇く：のどに潤いがなくなること。

つり

釣る：さおに付けた糸と釣り針で、魚などをとること。

うらかぜ

浦風：海岸で吹いている風。
出例 浦

次の＿＿線の**漢字の読み**を**ひらがな**で答えよ。

☑ **01** 紛糾している事態の解決を図る。

☑ **02** 姉は高尚な趣味をもつ。

☑ **03** 子供向けに抄訳された小説を読む。

☑ **04** 事件の詳細は割愛する。

☑ **05** 硬軟両様の対応が必要だ。

☑ **06** 細部まで把握している。

☑ **07** 詐欺師の話を喝破する。

☑ **08** 庭に植えた桃の実が熟れる。

☑ **09** とうろうを流し死者の霊を弔う。

☑ **10** 遠くから鈴の音が聞こえる。

解答	解説
ふんきゅう	紛糾：混乱してまとまりがつかないさま。 出例 糾弾／糾明
こうしょう	高尚：品があり気高いさま。 出例 尚早
しょうやく	抄訳：原文から一部分を抜き出して翻訳すること。 出例 抄本／抄録
かつあい	割愛：惜しく思いながら省略すること。 出例 割腹／分割／割く
こうなん	硬軟：硬いことと軟らかいこと。強腰と弱腰。 出例 軟化／柔軟／軟らかい
はあく	把握：手でつかむこと。正しく理解すること。 出例 大雑把
かっぱ	喝破：大きな声でしかりつけること。自信を持って言い切ること。 出例 一喝／恐喝
うれる	熟れる：果実が成熟する。実る。
とむらう	弔う：葬式・供養などのこと。 出例 弔い／弔慰／弔電
すず	鈴：振って音を鳴らすもの。 出例 鈴虫／鈴なり／予鈴

次の＿＿線の**漢字の読み**を**ひらがな**で答えよ。

☐ **01** 私淑している作家に手紙を出す。

☐ **02** 美術館では多くの塑像を展示していた。

☐ **03** 鉄瓶で有名な地域に住んでいる。

☐ **04** 試験の出来に一抹の不安を覚える。

☐ **05** 傷口が炎症を起こしている。

☐ **06** 地震を疑似的に体験した。

☐ **07** プライドが粉砕された。

☐ **08** 稼ぐに追い付く貧乏なし。

☐ **09** わずかな食料で飢えをしのいだ。

☐ **10** 猫舌で熱いものは苦手だ。

合格点
7/10

1回目
月 日 /10

2回目
月 日 /10

頻出度
B

解答	解説
ししゅく	私淑：ある人をひそかに師として尊敬し、学ぶこと。 **出例** 淑女
そぞう	塑像：粘土などの材料で作った像。奈良時代に盛んに作られた。 **出例** 彫塑／可塑
てつびん	鉄瓶：お湯をわかすための鋳鉄製の容器。 **出例** 花瓶／瓶詰め
いちまつ	一抹：ほんのわずか。 **出例** 抹茶／抹殺
えんしょう	炎症：体の一部に傷みや熱、赤みなどが生ずる症状。 **出例** 症状／軽症
ぎじ	疑似：本物とよく似ていてまぎらわしいこと。 **出例** 模擬／擬態
ふんさい	粉砕：細かく打ち砕くこと。相手を打ちのめすこと。 **出例** 砕石／砕く
かせぐ	稼ぐ：働いて得る収入や利益。
うえ	飢える：食べ物がなくなり、耐え難い空腹状態になること。 **出例** 飢餓
ねこじた	猫舌：熱い食べ物が苦手な人（こと）。 **出例** 猫背

読み

部首

熟語の構成

四字熟語

対義語・類義語

同音・同訓異字

誤字訂正

漢字と送りがな

書き取り

次の＿＿線の**漢字の読み**を**ひらがな**で答えよ。

☑ **01** 犯人の目撃情報があった一帯を<u>捜索</u>した。

☑ **02** 失業して<u>堕落</u>した生活を送る。

☑ **03** 羊毛と木綿を<u>混紡</u>する。

☑ **04** 王の危機を救う<u>勲功</u>を立てた。

☑ **05** 党内の<u>派閥</u>から脱退する。

☑ **06** 空港では<u>防疫</u>検査が行われた。

☑ **07** <u>王侯</u>貴族のような生活ぶりだ。

☑ **08** 今日こそ<u>一泡</u>吹かせてやりたい。

☑ **09** げたの<u>鼻緒</u>が切れた。

☑ **10** <u>刃先</u>を人に向けないように注意する。

合格点 **7/10**

1回目　月　日 **/10**
2回目　月　日 **/10**

読み
部首
熟語の構成
四字熟語
対義語・類義語
同音・同訓異字
誤字訂正
漢字と送りがな
書き取り

解答

解説

そうさく
捜索：さがし求めること。
出例 捜査／捜す

だらく
堕落：健全性を失い、身をもちくずすこと。
出例 堕する

こんぼう
混紡：種類の異なる繊維を混ぜ合わせて紡績すること。
出例 紡績

くんこう
勲功：目覚ましい働きや成果。
出例 勲章／殊勲

はばつ
派閥：集団内の分派。
出例 財閥／学閥

ぼうえき
防疫：伝染病を予防し、その侵入を防ぐこと。
出例 免疫／悪疫

おうこう
王侯：王と諸侯。
出例 侯爵

ひとあわ
一泡：相手の不意をついて、あわてさせること。
出例 泡／泡立ち／発泡／気泡

はなお
鼻緒：げたや草履を足に止めるための太いひも。
出例 緒／内緒／一緒

はさき
刃先：刃の先端。
出例 刃物／刃渡り

次の___線の**漢字の読み**を**ひらがな**で答えよ。

☐ **01** 自信を持って自薦する。

☐ **02** 外国の軍隊が駐屯する。

☐ **03** 竜宮の様子を想像する。

☐ **04** 何度も研磨され、美しい宝石になる。

☐ **05** 祖父に囲碁を教えてもらう。

☐ **06** 貴族の別邸だった屋敷を公開する。

☐ **07** 間違いを認め、発言を撤回した。

☐ **08** この寺の住職は尼さんだ。

☐ **09** 史上最強とも言われるチャンピオンに挑む。

☐ **10** 子をできるだけ褒めて育てたい。

解答　　解説

| じせん | 自薦：自分自身を推薦すること。
出例 推薦／他薦／薦める |

ちゅうとん — 駐屯：軍隊が、ある地にとどまっていること。

りゅうぐう — 竜宮：海底にある水神がすむといわれる架空の宮殿。
出例 竜神／恐竜／竜巻

けんま — 研磨：表面をなめらかにするためにとぎみがくこと。深く研究したり、努力したりすること。出例 磨耗／練磨／磨く

いご — 囲碁：碁。白と黒の石を使って盤上の領域の広さを争う。碁をうつこと。
出例 碁石／碁盤／碁会

べってい — 別邸：本宅とは別に設けた屋敷。
出例 邸内／豪邸

てっかい — 撤回：いったん公にしたものを取り下げること。取り消すこと。
出例 撤収／撤廃

あま — 尼：仏門に入った女性。

いどむ — 挑む：自分から戦いをしかける。
出例 挑戦／挑発

ほめて — 褒める：良い点を評価して、本人や他人にそれを伝える。たたえる。

次の＿＿線の**漢字の読み**を**ひらがな**で答えよ。

☑ **01** 世の中の安寧を祈願する。

☑ **02** 大学卒業後は官僚になりたい。

☑ **03** 議論の収拾がつかなくなる。

☑ **04** 卒業式に校歌を斉唱する。

☑ **05** 王妃の発言が新聞に取り上げられた。

☑ **06** 教え子からの感謝の手紙に感泣した。

☑ **07** 父は温厚で信頼が厚い。

☑ **08** 落とし物を血眼になって探した。

☑ **09** 無理な申し出を拒む。

☑ **10** 川の中州に町が作られた。

解答	解説

あんねい — 安寧：無事で安らかなこと。
出例 丁寧

かんりょう — 官僚：役人。特に国家の政策決定に影響力を持つ中・上級の公務員。
出例 閣僚／同僚

しゅうしゅう — 収拾：混乱状態をまとめること。

せいしょう — 斉唱：大勢の人が同じ旋律を歌うこと。
出例 一斉

おうひ — 王妃：国王のきさき。
出例 妃殿下

かんきゅう — 感泣：感激して泣くこと。
出例 号泣

おんこう — 温厚：穏やかでまじめなこと。
出例 厚情／厚生

ちまなこ — 血眼：血走った目。一つのことだけに熱中すること。
出例 眼

こばむ — 拒む：要求や依頼を断る。
出例 拒絶／拒否

なかす — 中州：川の中で、土砂などが積もって島のようになっている所。
出例 三角州

読み

部首

熟語の構成

四字熟語

対義語・類義語

同音・同訓異字

誤字訂正

漢字と送りがな

書き取り

次の___線の**漢字の読み**を**ひらがな**で答えよ。

☑ **01** 繊細な表現が見事な絵だ。

☑ **02** 親の言うことに盲従しない。

☑ **03** 事件の核心に迫る。

☑ **04** 昼食後に睡魔に襲われる。

☑ **05** 珍しく父が愚痴をこぼした。

☑ **06** 予定通り搭乗が開始された。

☑ **07** 両チームの実力は伯仲している。

☑ **08** 完成までに大量の資金を費やした。

☑ **09** 城の堀に白鳥が飛来した。

☑ **10** 辛うじて死をまぬかれた。

読み　部首　熟語の構成　四字熟語　対義語・類義語　同音・同訓異字　誤字訂正　漢字と送りがな　書き取り

解答 / 解説

せんさい
繊細：感覚やきめがこまやかなさま。
出例 繊維

もうじゅう
盲従：自分で判断せずに、人の言うままに従うこと。
出例 盲導犬／盲点

かくしん
核心：物事の中心になる大事なところ。
出例 中核／結核

すいま
睡魔：どうしようもない眠気を魔物にたとえていう語。
出例 睡眠／熟睡

ぐち
愚痴：言っても解決しないことを言って嘆くこと。
出例 痴態／音痴

とうじょう
搭乗：飛行機や船舶などに乗り込むこと。
出例 搭載

はくちゅう
伯仲：互いの力量に差がないこと。
出例 伯爵／画伯

ついやした
費やす：時間・金銭・労力などを使ってなくす。

ほり
堀：防御のために水をたたえた所。地面を掘ってつくった水路。
出例 堀端

かろうじて
辛うじて：やっとのことで。ようやく。
出例 辛酸

131

次の＿＿線の**漢字の読み**を**ひらがな**で答えよ。

□ **01** 船舶安全法に違反している。

□ **02** 板の塀を生垣に変える。

□ **03** 新入生が入寮した。

□ **04** 国王に拝謁する機会をいただく。

□ **05** 幾何学の授業を履修する。

□ **06** 適宜対応してください。

□ **07** 謙虚な気持ちで人に接する。

□ **08** ご助力を賜りますように。

□ **09** かくし味に酢を加える。

□ **10** 叔父は自動車教習所の教官だ。

解答	解説
せんぱく	船舶：ふねの総称。狭義では櫂や櫓以外を動力とする船。
へい	塀：土地の境目などに作る囲い。 **出例** 板塀／土塀
にゅうりょう	入寮：社員寮や学生寮などに入ること。 **出例** 寮／寮生
はいえつ	拝謁：身分の高い人にお目にかかること。 **出例** 謁見
きかがく	幾何学：図形や立体、空間などについて研究する数学の分野。 **出例** 幾何
てきぎ	適宜：それぞれの状況に適しているさま。 **出例** 時宜
けんきょ	謙虚：ひかえめなこと。すなおに相手の意見を聞くこと。 **出例** 謙譲
たまわり	賜る：目上の立場の人からいただく。
す	酢：酸味のある調味料。 **出例** 酢豚／甘酢／酢酸
おじ	叔父：父や母の弟のこと。父や母の兄の場合は「伯父」となる。

読み

部首

熟語の構成

四字熟語

対義語・類義語

同音・同訓異字

誤字訂正

漢字と送りがな

書き取り

次の漢字の**部首**を答えよ。

☑ **01** 崇

☑ **02** 彰

☑ **03** 泰

☑ **04** 蛍

☑ **05** 軟

☑ **06** 麻

☑ **07** 我

☑ **08** 臭

☑ **09** 閥

☑ **10** 弔

☑ **11** 督

☑ **12** 殉

☑ **13** 缶

☑ **14** 竜

☑ **15** 庸

解 答	解 説
山	やま **出例** 崩もよく出題される
彡	さんづくり
氺	したみず
虫	むし **出例** 蛮もよく出題される
車	くるまへん **出例** 轄もよく出題される
麻	あさ
戈	ほこづくり　ほこがまえ **出例** 戒／戯／成もよく出題される
自	みずから
門	もんがまえ **出例** 閑もよく出題される
弓	ゆみ
目	め **出例** 盲／真／盾／看もよく出題される
歹	かばねへん　いちたへん　がつへん **出例** 死もよく出題される
缶	ほとぎ
竜	りゅう
广	まだれ **出例** 庶もよく出題される

読み

部首

熟語の構成

四字熟語

対義語・類義語

同音・同訓異字

誤字訂正

漢字と送りがな

書き取り

次の漢字の**部首**を答えよ。

☐ **01** 耗

☐ **02** 辱

☐ **03** 尉

☐ **04** 献

☐ **05** 雇

☐ **06** 剖

☐ **07** 再

☐ **08** 刃

☐ **09** 徹

☐ **10** 囚

☐ **11** 弊

☐ **12** 鬼

☐ **13** 玄

☐ **14** 煩

☐ **15** 赴

合格点 **11**/15　1回目　月　日　/**15**　2回目　月　日　/**15**

解答	解説
耒	すきへん　らいへん
辰	しんのたつ
寸	すん **出例** 尋もよく出題される
犬	いぬ
隹	ふるとり **出例** 雅／雑／雌／難もよく出題される
刂	りっとう **出例** 剰／剛／剤／則もよく出題される
冂	どうがまえ　けいがまえ　まきがまえ **出例** 冊もよく出題される
刀	かたな **出例** 分もよく出題される
彳	ぎょうにんべん **出例** 循もよく出題される
囗	くにがまえ **出例** 圏／四もよく出題される
廾	こまぬき　にじゅうあし
鬼	おに **出例** 魔もよく出題される
玄	げん
火	ひへん
走	そうにょう **出例** 趣もよく出題される

次の漢字の**部首**を答えよ。

☐ 01	誉	
☐ 02	靴	
☐ 03	凡	
☐ 04	嚇	
☐ 05	釈	
☐ 06	准	
☐ 07	斥	
☐ 08	致	
☐ 09	廷	
☐ 10	旋	
☐ 11	既	
☐ 12	矯	
☐ 13	革	
☐ 14	幾	
☐ 15	匠	

解　答	解　説
言	げん **出例** 誓／謄もよく出題される
革	かわへん
几	つくえ **出例** 処もよく出題される
口	くちへん **出例** 唯／喫もよく出題される
釆	のごめへん
冫	にすい
斤	きん **出例** 斥もよく出題される
至	いたる **出例** 至もよく出題される
廴	えんにょう **出例** 延もよく出題される
方	ほうへん　かたへん
旡	なし　ぶ　すでのつくり
矢	やへん
革	かくのかわ　つくりがわ
幺	よう　いとがしら
匸	はこがまえ

読み・部首・熟語の構成・四字熟語・対義語類義語・同音同訓異字・誤字訂正・漢字と送りがな・書き取り

熟語の構成のしかたには右の□のようなものがある。次の熟語は□の**ア〜オ**のどれにあたるか、**一つ選び記号**を答えよ。

☑ **01** 賠償

☑ **02** 殉教

☑ **03** 懇請

☑ **04** 偏在

☑ **05** 存廃

☑ **06** 不遇

☑ **07** 擬似

☑ **08** 無謀

☑ **09** 座礁

☑ **10** 衆寡

ア 同じような意味の漢字を重ねたもの
（例＝**善良**）

イ 反対または対応の意味を表す字を重ねたもの
（例＝**細大**）

ウ 前の字が後ろの字を修飾しているもの
（例＝**美談**）

エ 後ろの字が前の字の目的語・補語になっているもの
（例＝**点火**）

オ 前の字が後ろの字の意味を打ち消しているもの
（例＝**不当**）

解答		解説

ア（同じ）　賠償（ばいしょう）
　　　　賠　=同=　償
　　　　どちらも「つぐなう」の意。

エ（目・補）　殉教（じゅんきょう）
　　　　殉（ずる）←目・補　教（宗教に）

ウ（修飾）　懇請（こんせい）
　　　　懇（まごころを尽くして）　修→請（たのむ）

ウ（修飾）　偏在（へんざい）
　　　　偏（って）　修→在（存在している）

イ（反対）　存廃（そんぱい）
　　　　存（ある）←反→廃（やめる）

オ（打消）　不遇（ふぐう）
　　　　不（否定）×←打消　遇（めぐりあわせ）

ア（同じ）　擬似（ぎじ）
　　　　擬　=同=　似
　　　　どちらも「にせる」の意。

オ（打消）　無謀（むぼう）
　　　　無（否定）×←打消　謀（様々な方法を考える）

エ（目・補）　座礁（ざしょう）
　　　　座（る）←目・補　礁（かくれいわに）

イ（反対）　衆寡（しゅうか）
　　　　衆（おおい）←反→寡（すくない）

読み／部首／熟語の構成／四字熟語／対義語・類義語／同音・同訓異字／誤字訂正／漢字と送りがな／書き取り

熟語の構成②

熟語の構成のしかたには右の□のようなものがある。次の熟語は□の**ア〜オ**のどれにあたるか、**一つ選び記号**を答えよ。

☑ **01** 不浄

☑ **02** 抑揚

☑ **03** 貴賓

☑ **04** 未詳

☑ **05** 紡績

☑ **06** 叙勲

☑ **07** 繁閑

☑ **08** 克己

☑ **09** 急逝

☑ **10** 紛糾

ア 同じような意味の漢字を重ねたもの
（例＝**善良**）

イ 反対または対応の意味を表す字を重ねたもの
（例＝**細大**）

ウ 前の字が後ろの字を修飾しているもの
（例＝**美談**）

エ 後ろの字が前の字の目的語・補語になっているもの
（例＝**点火**）

オ 前の字が後ろの字の意味を打ち消しているもの
（例＝**不当**）

解 答　　　　　解 説

読み

部首

熟語の構成

四字熟語

対義語・類義語

同音・同訓異字

誤字訂正

漢字と送りがな

書き取り

オ（打消）　不浄 ^{ふ じょう}　不（否定）×←打消　浄（きよらか）

イ（反対）　抑揚 ^{よくよう}　抑（える）←反→揚（げる）

ウ（修飾）　貴賓 ^{き ひん}　貴（地位の高い）修→賓（客人）

オ（打消）　未詳 ^{み しょう}　未（否定）×←打消　詳（しい）

ア（同じ）　紡績 ^{ぼうせき}　紡 同 績
どちらも「糸をつむぐ」の意。

エ（目・補）　叙勲 ^{じょくん}　叙（さずける）←目・補　勲（章を）

イ（反対）　繁閑 ^{はんかん}　繁（さかんである）←反→閑（落ち着いている）

エ（目・補）　克己 ^{こっき}　克（うちかつ）←目・補　己（に）

ウ（修飾）　急逝 ^{きゅうせい}　急（に）修→逝（去する）

ア（同じ）　紛糾 ^{ふんきゅう}　紛 同 糾
どちらも「もつれる」の意。

熟語の構成③

熟語の構成のしかたには右の□のようなものがある。次の熟語は□の**ア〜オ**のどれにあたるか、**一つ選び記号**を答えよ。

- ☐ **01** 未 刊
- ☐ **02** 媒 介
- ☐ **03** 無 臭
- ☐ **04** 興 廃
- ☐ **05** 塑 像
- ☐ **06** 贈 賄
- ☐ **07** 搭 乗
- ☐ **08** 繊 毛
- ☐ **09** 還 元
- ☐ **10** 隠 顕

ア 同じような意味の漢
　字を重ねたもの
　（例＝**善良**）

イ 反対または対応の意
　味を表す字を重ねた
　もの
　（例＝**細大**）

ウ 前の字が後ろの字を
　修飾しているもの
　（例＝**美談**）

エ 後ろの字が前の字の
　目的語・補語になっ
　ているもの
　（例＝**点火**）

オ 前の字が後ろの字の
　意味を打ち消してい
　るもの
　（例＝**不当**）

解 答		解 説

オ（打消） 未刊（みかん）　未（否定）× ← 打消　刊（出版する）

ア（同じ） 媒介（ばいかい）　媒 同 介
どちらも「なかだちする」の意。

オ（打消） 無臭（むしゅう）　無（否定）× ← 打消　臭（い）

イ（反対） 興廃（こうはい）　興（る）← 反 → 廃（れる）

ウ（修飾） 塑像（そぞう）　塑（造による）修 → 像

エ（目・補） 贈賄（ぞうわい）　贈（る）← 目・補 賄（わいろを）

ア（同じ） 搭乗（とうじょう）　搭 同 乗
どちらも「のる」の意。

ウ（修飾） 繊毛（せんもう）　繊（細かい）修 → 毛

エ（目・補） 還元（かんげん）　還（かえす）← 目・補 元（に）

イ（反対） 隠顕（いんけん）　隠（す）← 反 → 顕（あきらかにする）

読み　部首　熟語の構成　四字熟語　対義語・類義語　同音・同訓異字　誤字訂正　漢字と送りがな　書き取り

145

熟語の構成④

熟語の構成のしかたには右の□のようなものがある。次の熟語は□のア～オのどれにあたるか、一つ選び記号を答えよ。

☑ **01** 飢 餓

☑ **02** 多 寡

☑ **03** 直 轄

☑ **04** 奨 学

☑ **05** 未 婚

☑ **06** 雅 俗

☑ **07** 不 振

☑ **08** 謹 慎

☑ **09** 抗 菌

☑ **10** 暗 礁

ア 同じような意味の漢字を重ねたもの
（例＝**善良**）

イ 反対または対応の意味を表す字を重ねたもの
（例＝**細大**）

ウ 前の字が後ろの字を修飾しているもの
（例＝**美談**）

エ 後ろの字が前の字の目的語・補語になっているもの
（例＝**点火**）

オ 前の字が後ろの字の意味を打ち消しているもの
（例＝**不当**）

解 答		解 説	
ア (同じ)	飢餓 ^{きが}	飢 =同= 餓 どちらも「うえる」の意。	
イ (反対)	多寡 ^{たか}	多(い) ← 反 → 寡(すくない)	
ウ (修飾)	直轄 ^{ちょっかつ}	直(接) 修 → 轄(とりまとめる)	
エ (目・補)	奨学 ^{しょうがく}	奨(すすめる) ← 目・補 学(ぶことを)	
オ (打消)	未婚 ^{みこん}	未(否定)× ← 打消 婚(結婚)	
イ (反対)	雅俗 ^{がぞく}	雅(上品) ← 反 → 俗(程度がひくい)	
オ (打消)	不振 ^{ふしん}	不(否定)× ← 打消 振(盛んになる) 勢いや成績などがふるわないこと。	
ア (同じ)	謹慎 ^{きんしん}	謹 =同= 慎 どちらも「つつしむ」の意。	
エ (目・補)	抗菌 ^{こうきん}	抗(抵抗する) ← 目・補 菌(に)	
ウ (修飾)	暗礁 ^{あんしょう}	暗(みえない) 修 → 礁(かくれいわ)	

読み　部首　熟語の構成　四字熟語　対義語・類義語　同音・同訓異字　誤字訂正　漢字と送りがな　書き取り

147

右上の□内のひらがなを**漢字**にして□にいれ、**四字熟語**を完成せよ。□内のひらがなは一度だけ使い、□に**一字**いれよ。また、**01～10**の**意味**にあてはまるものを**11～15**から**一つ**選び（　）に**数字**でいれよ（該当しないものは空欄のままでよい）。

☑ **01** 難□不落（　）

☑ **02** 面目□如（　）

☑ **03** □知徹底（　）

☑ **04** 新進気□（　）

☑ **05** 和洋□衷（　）

☑ **06** 青息□息（　）

☑ **07** □髪衝天（　）

☑ **08** 故事来□（　）

☑ **09** □大妄想（　）

☑ **10** 七転八□（　）

えい	こ
こう	しゅう
せっ	と
ど	とう
やく	れき

11 世間の評価や名誉が大きく高まるさま。

12 きわめて激しくおこること。

13 新人ながら将来性や勢いがある人。

14 広くしっかりと知れ渡らせること。

15 昔から伝えられてきた物事についてのいわれや経過。

解答 / 解説

読み／部首／熟語の構成／四字熟語／対義語・類義語／同音・同訓異字／誤字訂正／漢字と送りがな／書き取り

難攻不落 ( )
なんこうふらく

攻めるのが難しく、なかなか陥落しないこと。**出例**「難」も問われる
類義語 金城鉄壁／金城湯池

面目躍如 (11)
めんもくやくじょ

世間の評価や名誉が大きく高まるさま。
出例「如」も問われる
類義語 面目一新

周知徹底 (14)
しゅうちてってい

広くしっかりと知れ渡らせること。

新進気鋭 (13)
しんしんきえい

新人ながら将来性や勢いがある人。
類義語 少壮気鋭

和洋折衷 ( )
わようせっちゅう

日本と西洋それぞれの様式を、ほどよく合わせて調和させること。

青息吐息 ( )
あおいきといき

困難な状態にあるときに出るため息。またはそのような状態。

怒髪衝天 (12)
どはつしょうてん

きわめて激しくおこること。
出例「髪」も問われる
類義語 怒髪衝冠

故事来歴 (15)
こじらいれき

昔から伝えられてきた物事についてのいわれや経過。

誇大妄想 ( )
こだいもうそう

自分が実際よりずっと優れていると思い込むさま。

七転八倒 ( )
しちてんばっとう

強い痛みや苦しみのためもがくさま。

右上の□内のひらがなを**漢字**にして□にいれ、**四字熟語**を完成せよ。□内のひらがなは一度だけ使い、□に**一字**いれよ。また、**01～10**の**意味**にあてはまるものを11～15から**一つ**選び（　）に**数字**でいれよ（該当しないものは空欄のままでよい）。

☑ **01** □常一様（　）

☑ **02** 百□錬磨（　）

☑ **03** 妙計□策（　）

☑ **04** 率先垂□（　）

☑ **05** 良風美□（　）

☑ **06** 力戦奮□（　）

☑ **07** □風堂堂（　）

☑ **08** 温□篤実（　）

☑ **09** 禍□得喪（　）

☑ **10** 狂喜乱□（　）

い	き
こう	じん
せん	ぞく
とう	はん
ぶ	ふく

11 先に立って見本を示すこと。

12 健全で美しい風習・習慣。

13 非常に喜ぶさま。

14 人の考えつかない優れたはかりごと。

15 ごくあたりまえのこと。とおりいっぺん。

150

解 答	解 説
尋常一様 _{じんじょういちよう} (15)	ごくあたりまえのこと。とおりいっぺん。
百戦錬磨 _{ひゃくせんれんま} ( )	歴戦のなかできたえられること。経験豊富であること。 **出例**「磨」も問われる
妙計奇策 _{みょうけいきさく} (14)	人の考えつかない優れたはかりごと。 **出例**「妙／策」も問われる
率先垂範 _{そっせんすいはん} (11)	先に立って見本を示すこと。 **類義語** 率先励行
良風美俗 _{りょうふうびぞく} (12)	健全で美しい風習・習慣。 **出例**「美」も問われる
力戦奮闘 _{りきせんふんとう} ( )	力を尽くして戦う（努力する）こと。
威風堂堂 _{いふうどうどう} ( )	威厳があり、大いに立派なさま。 **類義語** 威武堂堂
温厚篤実 _{おんこうとくじつ} ( )	穏やかで温かく、誠実な性格。
禍福得喪 _{かふくとくそう} ( )	わざわいにあったり、幸福にあったりすること。出世したり、地位を失ったりすること。**出例**「禍」も問われる
狂喜乱舞 _{きょうきらんぶ} (13)	非常に喜ぶさま。 **出例**「狂」も問われる

読み / 部首 / 熟語の構成 / 四字熟語 / 対義語・類義語 / 同音・同訓異字 / 誤字訂正 / 漢字と送りがな / 書き取り

四字熟語完成で10点配点、意味で5点配点　　　　　151

右上の□内のひらがなを**漢字**にして□にいれ、**四字熟語**を完成せよ。□内のひらがなは一度だけ使い、□に**一字**いれよ。また、**01〜10の意味**にあてはまるものを11〜15から**一つ**選び（ ）に**数字**でいれよ（該当しないものは空欄のままでよい）。

☑ **01** 堅忍不□ （ ）

☑ **02** 支□滅裂 （ ）

☑ **03** 疾風迅□ （ ）

☑ **04** 深謀遠□ （ ）

☑ **05** 酔生□死 （ ）

☑ **06** 抱腹絶□ （ ）

☑ **07** 暗雲低□ （ ）

☑ **08** 一朝一□ （ ）

☑ **09** 円転滑□ （ ）

☑ **10** 初□貫徹 （ ）

し	せき
だつ	とう
ばつ	む
めい	らい
り	りょ

11 腹を抱えて大笑いするさま。

12 初めに決めたことを最後まで貫き通すこと。

13 行動や勢いが激しく、すばやいさま。

14 物事をそつなく処理していくさま。

15 先のことまでよく考えたはかりごと・計画。

解　答	解　説

堅忍不抜（　）
けんにんふばつ
困難に耐え、意志を強く保つこと。
出例「堅」も問われる

支離滅裂（　）
しりめつれつ
考えや言動の筋道がばらばらで、まとまりがまったくないさま。
出例「滅」も問われる　**類義語** 乱雑無章

疾風迅雷（13）
しっぷうじんらい
行動や勢いが激しく、すばやいさま。
出例「迅」も問われる
類義語 迅速果敢／電光石火

深謀遠慮（15）
しんぼうえんりょ
先のことまでよく考えたはかりごと・計画。
類義語 深慮遠謀

酔生夢死（　）
すいせいむし
意味のあることを何もせずに、一生を終えること。
類義語 遊生夢死

抱腹絶倒（11）
ほうふくぜっとう
腹を抱えて大笑いするさま。
出例「腹」も問われる
類義語 破顔大笑／抱腹大笑

暗雲低迷（　）
あんうんていめい
不穏な気配が続くこと。
出例「暗」も問われる

一朝一夕（　）
いっちょういっせき
わずかな時間。

円転滑脱（14）
えんてんかつだつ
物事をそつなく処理していくさま。

初志貫徹（12）
しょしかんてつ
初めに決めたことを最後まで貫き通すこと。

四字熟語④

右上の□内のひらがなを漢字にして□にいれ、**四字熟語**を完成せよ。□内のひらがなは一度だけ使い、□に一字いれよ。また、**01～10**の**意味**にあてはまるものを11～15から**一つ選び**（　）に**数字**でいれよ（該当しないものは空欄のままでよい）。

☑ **01** 質実剛□（　）

☑ **02** 衆口一□（　）

☑ **03** 縦横無□（　）

☑ **04** □止千万（　）

☑ **05** 前□洋洋（　）

☑ **06** 多岐□羊（　）

☑ **07** 天下泰□（　）

☑ **08** 百□夜行（　）

☑ **09** 粗□粗食（　）

☑ **10** 意気消□（　）

い	き
けん	しょう
じん	ち
ちん	と
へい	ぼう

11 元気や意気込みをなくしたさま。

12 得体の知れないものや悪人がはびこるさま。

13 飾り気がなく誠実で、強くたくましいこと。

14 非常にばかばかしいさま。

15 方針が多すぎて選択に困ること。

解答	解説
質実剛健 (13) しつじつごうけん	飾り気がなく誠実で、強くたくましいこと。 出例「剛」も問われる
衆口一致 ( ) しゅうこういっち	多くの人の意見や評判がぴったり合うこと。
縦横無尽 ( ) じゅうおうむじん	自由自在に行動するさま。 類義語 縦横自在／自由自在
笑止千万 (14) しょうしせんばん	非常にばかばかしいさま。
前途洋洋 ( ) ぜんとようよう	将来が開けて明るいこと。 類義語 前途有望
多岐亡羊 (15) たきぼうよう	方針が多すぎて選択に困ること。 出例「羊」も問われる
天下泰平 ( ) てんかたいへい	世の中がよく治まって平穏であること。心配事がないこと。
百鬼夜行 (12) ひゃっきやこう	得体の知れないものや悪人がはびこるさま。
粗衣粗食 ( ) そいそしょく	粗末な衣服や食事。つつましい生活のたとえ。
意気消沈 (11) いきしょうちん	元気や意気込みをなくしたさま。 対義語 意気衝天

読み 部首 熟語の構成 四字熟語 対義語・類義語 同音・同訓異字 誤字訂正 漢字と送りがな 書き取り

四字熟語完成で10点配点、意味で5点配点

右上の□内のひらがなを漢字にして□にいれ、四字熟語を完成せよ。□内のひらがなは一度だけ使い、□に一字いれよ。また、01〜10の意味にあてはまるものを11〜15から一つ選び（ ）に数字でいれよ（該当しないものは空欄のままでよい）。

☑ **01** 謹□実直（ ）

☑ **02** 主□転倒（ ）

☑ **03** 東奔西□（ ）

☑ **04** 傍□無人（ ）

☑ **05** 要害□固（ ）

☑ **06** 時節□来（ ）

☑ **07** 天下□免（ ）

☑ **08** 論□明快（ ）

☑ **09** 冠□葬祭（ ）

☑ **10** 不□不離（ ）

かく	けん
げん	ご
こん	し
じゃく	そう
そく	とう

11 話の主張や要点がはっきりして、わかりやすいさま。

12 たいへんつつしみ深く、まじめで正直なこと。

13 備えのかたいこと。

14 よい機会がやってくること。

15 つかず離れずの関係にあるさま。

解答	解説
謹厳実直 (12) きんげんじっちょく	たいへんつつしみ深く、まじめで正直なこと。 出例「謹」も問われる
主客転倒 ( ) しゅかくてんとう	順序や価値、立場などが逆転すること。 出例「倒」も問われる 類義語 本末転倒
東奔西走 ( ) とうほんせいそう	目的を遂げるため、四方八方手を尽くして走り回ること。 出例「奔」も問われる　類義語 東行西走
傍若無人 ( ) ぼうじゃくぶじん	他人を無視して勝手にふるまうこと。 出例「傍」も問われる
要害堅固 (13) ようがいけんご	備えのかたいこと。「要害」は地勢が険しく、攻めるのに難しく守るのにたやすい地。
時節到来 (14) じせつとうらい	よい機会がやってくること。
天下御免 ( ) てんかごめん	だれはばかることのない言動が公認されているさま。
論旨明快 (11) ろんしめいかい	話の主張や要点がはっきりして、わかりやすいさま。 類義語 論旨明解
冠婚葬祭 ( ) かんこんそうさい	慶弔の儀式。
不即不離 (15) ふそくふり	つかず離れずの関係にあるさま。 出例「離」も問われる

四字熟語完成で10点配点、意味で5点配点

読み 部首 熟語の構成 四字熟語 対義語・類義語 同音・同訓異字 誤字訂正 漢字と送りがな 書き取り

対義語・類義語①

次の01〜05の**対義語**、06〜10の**類義語**を右の□の中から選び、**漢字**で答えよ。□の中の語は一度だけ使うこと。

対義語

☑ 01 衰微 ↔ □□

☑ 02 干渉 ↔ □□

☑ 03 閑暇 ↔ □□

☑ 04 冗漫 ↔ □□

☑ 05 緩慢 ↔ □□

類義語

☑ 06 難点 = □□

☑ 07 慶賀 = □□

☑ 08 庶民 = □□

☑ 09 懇切 = □□

☑ 10 対価 = □□

かんけつ

けっかん

しゅくふく

たいしゅう

たぼう

ていちょう

はんえい

びんそく

ほうしゅう

ほうにん

解 答	解 説
繁栄（はんえい）	衰微（すいび）：衰えて勢いを失うこと。 繁栄（はんえい）：さかえ発展すること。
放任（ほうにん）	干渉（かんしょう）：割り込み、かかわること。 放任（ほうにん）：原則的に干渉しないこと。
多忙（たぼう）	閑暇（かんか）：ひま。することがないこと。 多忙（たぼう）：非常に忙しいこと。 出例 多忙 ↔ 閑散
簡潔（かんけつ）	冗漫（じょうまん）：むだが多く、しまりがないさま。 簡潔（かんけつ）：むだがなく、わかりやすいさま。 出例 簡潔 ↔ 冗長
敏速（びんそく）	緩慢（かんまん）：動きがのろいこと。 敏速（びんそく）：動きがすばやいこと。
欠陥（けっかん）	難点（なんてん）：欠点。非難されるべき点。 欠陥（けっかん）：かけていて足りないこと。
祝福（しゅくふく）	慶賀（けいが）：よろこび、いわうこと。 祝福（しゅくふく）：幸福をいわうこと。また、幸福を祈ること。
大衆（たいしゅう）	庶民（しょみん）：一般人。特権のない人。 大衆（たいしゅう）：一般人。労働者などの勤労階級。
丁重（ていちょう）	懇切（こんせつ）：こまかな点まで気配りが行き届いているさま。 丁重（ていちょう）：真心が十分に行き届いているさま。
報酬（ほうしゅう）	対価（たいか）：財産や労力を提供した報酬として受けとるもの。 報酬（ほうしゅう）：労働などに対して支払われる金品。

読み／部首／熟語の構成／四字熟語／対義語・類義語／同音・同訓異字／誤字訂正／漢字と送りがな／書き取り

対義語・類義語②

次の01〜05の**対義語**、06〜10の**類義語**を右の□の中から選び、**漢字**で答えよ。□の中の語は一度だけ使うこと。

対義語

☑ **01** 哀悼 ↔ □□

☑ **02** 寡黙 ↔ □□

☑ **03** 中庸 ↔ □□

☑ **04** 左遷 ↔ □□

☑ **05** 漠然 ↔ □□

類義語

☑ **06** 永遠 ＝ □□

☑ **07** 道徳 ＝ □□

☑ **08** 逝去 ＝ □□

☑ **09** 幽閉 ＝ □□

☑ **10** 根底 ＝ □□

えいてん
えいみん
かんきん
きばん
きょくたん
しゅくが
せんめい
たべん
ゆうきゅう
りんり

解　答	解　説
<ruby>祝賀<rt>しゅくが</rt></ruby>	哀悼（あいとう）：人の死を悲しみ悼むこと。 祝賀（しゅくが）：喜びごとをいわうこと。
<ruby>多弁<rt>たべん</rt></ruby>	寡黙（かもく）：口数が少ないさま。 多弁（たべん）：口数が多いさま。
<ruby>極端<rt>きょくたん</rt></ruby>	中庸（ちゅうよう）：偏ることなく、調和がとれていること。 極端（きょくたん）：はなはだしく一方にかたよっていること。
<ruby>栄転<rt>えいてん</rt></ruby>	左遷（させん）：より低い役職に転任すること。 栄転（えいてん）：より高い役職に転任すること。
<ruby>鮮明<rt>せんめい</rt></ruby>	漠然（ばくぜん）：ぼんやりしているさま。 鮮明（せんめい）：はっきりしているさま。
<ruby>悠久<rt>ゆうきゅう</rt></ruby>	永遠（えいえん）：限りがないこと。 悠久（ゆうきゅう）：はるかに遠い昔から変わることなく続いているさま。
<ruby>倫理<rt>りんり</rt></ruby>	道徳（どうとく）：社会生活上守るべき規範。 倫理（りんり）：道徳的な行動の原則。善悪の基準。
<ruby>永眠<rt>えいみん</rt></ruby>	逝去（せいきょ）：人が亡くなること。敬意を込めた表現。 永眠（えいみん）：人が亡くなること。
<ruby>監禁<rt>かんきん</rt></ruby>	幽閉（ゆうへい）：自由にさせず閉じ込めること。 監禁（かんきん）：閉じ込めて逃げられないようにする。
<ruby>基盤<rt>きばん</rt></ruby>	根底（こんてい）：おおもととなる考え方。 基盤（きばん）：物事の土台となるもののこと。 **出例** 基盤（きばん）＝根幹（こんかん）

読み　部首　熟語の構成　四字熟語　対義語・類義語　同音・同訓異字　誤字訂正　漢字と送りがな　書き取り

161

対義語・類義語③

次の01～05の**対義語**、06～10の**類義語**を右の□の中から選び、**漢字**で答えよ。□の中の語は一度だけ使うこと。

対義語

☑ 01 一括 ↔ □□

☑ 02 個別 ↔ □□

☑ 03 高慢 ↔ □□

☑ 04 蓄積 ↔ □□

☑ 05 緩慢 ↔ □□

類義語

☑ 06 左遷 = □□

☑ 07 厄介 = □□

☑ 08 薄情 = □□

☑ 09 看護 = □□

☑ 10 首肯 = □□

いっせい

かいほう

けんきょ

こうかく

しょうもう

じんそく

なっとく

ぶんかつ

めんどう

れいたん

解答	解説
分割	一括：ひとまとめにすること。 分割：いくつかにわけること。
一斉	個別：一つ一つ。一人一人。別々。 一斉：たくさんの人などが同時に何かをするさま。
謙虚	高慢：思い上がり、他を見下す態度。 謙虚：つつましやかで、素直な態度。 出例 謙虚 ↔ 尊大
消耗	蓄積：何かに備えて蓄えておくこと。 消耗：たくさんあった物を使い減らすこと。
迅速	緩慢：動きがのろいこと。 迅速：すばやいさま。
降格	左遷：より低い役職に転任すること。 降格：役職や立場などを下げること。
面倒	厄介：手間がかかり煩わしいこと。 面倒：手数がかかり煩わしいこと。 出例 面倒 ＝ 大儀
冷淡	薄情：人情にうすいこと。愛情のうすいこと。 冷淡：思いやりや同情心のないこと。
介抱	看護：傷病者の世話をすること。 介抱：一時的に傷病者の世話をすること。 出例 介抱 ＝ 看病
納得	首肯：正しいと認めうなずくこと。 納得：理解し認めること。 出例 納得 ＝ 了解

読み　部首　熟語の構成　四字熟語　対義語・類義語　同音・同訓異字　誤字訂正　漢字と送りがな　書き取り

対義語・類義語④

次の**01〜05**の**対義語**、**06〜10**の**類義語**を右の□の中から選び、**漢字**で答えよ。□の中の語は一度だけ使うこと。

対義語

☑ **01** 湿潤 ↔ □□

☑ **02** 隆起 ↔ □□

☑ **03** 秘匿 ↔ □□

☑ **04** 購入 ↔ □□

☑ **05** 騰貴 ↔ □□

類義語

☑ **06** 邸宅 ＝ □□

☑ **07** 倫理 ＝ □□

☑ **08** 顕著 ＝ □□

☑ **09** 道端 ＝ □□

☑ **10** 駆逐 ＝ □□

かんそう

げらく

ちんこう

ついほう

どうとく

ばいきゃく

ばくろ

やしき

れきぜん

ろぼう

合格点
7/10

1回目
月 日 /10

2回目
月 日 /10

頻出度
B

解答	解説
乾燥 かんそう	湿潤：湿り気が多いこと。 乾燥：かわいていること。
沈降 ちんこう	隆起：盛り上がること。 沈降：しずむこと。へこむこと。
暴露 ばくろ	秘匿：だれにも知られないように隠すこと。 暴露：秘密などをさらけ出すこと。
売却 ばいきゃく	購入：買い入れること。 売却：うり払うこと。
下落 げらく	騰貴：物の値段が高くなること。 下落：価格などがさがること。 出例 下落 ↔ 高騰
屋敷 やしき	邸宅：大きく立派な家。 屋敷：土地が広く、構えも立派な家。家のある一区画の土地。
道徳 どうとく	倫理：道徳的な行動の原則。善悪の基準。 道徳：社会生活上、守るべき行為の規範。
歴然 れきぜん	顕著：よく目につくさま。 歴然：見るからに明らかであるさま。
路傍 ろぼう	道端：道路の縁やすぐわき。 路傍：道のかたわら。
追放 ついほう	駆逐：おい払うこと。 追放：不要なものとしておい払うこと。

対義語・類義語⑤

次の**01～05**の**対義語**、**06～10**の**類義語**を右の□の中から選び、**漢字**で答えよ。□の中の語は一度だけ使うこと。

対義語

☑ **01** 罷免 ↔ □□

☑ **02** 剛健 ↔ □□

☑ **03** 開放 ↔ □□

☑ **04** 疎遠 ↔ □□

☑ **05** 醜聞 ↔ □□

類義語

☑ **06** 盲点 = □□

☑ **07** 普遍 = □□

☑ **08** 昼寝 = □□

☑ **09** 理由 = □□

☑ **10** 譲歩 = □□

いっぱん

ごすい

こんきょ

しかく

しんみつ

だきょう

にゅうじゃく

にんめい

びだん

へいさ

解答　　解説

任命（にんめい）
罷免（ひめん）：役職を辞めさせること。
任命（にんめい）：役割や役職などをめいじること。

柔弱（にゅうじゃく）
剛健（ごうけん）：心と体が強くたくましいこと。
柔弱（にゅうじゃく）：気力などが弱々しいこと。

閉鎖（へいさ）
開放（かいほう）：門や窓などをあけはすこと。
閉鎖（へいさ）：出入口などをとざすこと。
出例　閉鎖 ↔ 開設

親密（しんみつ）
疎遠（そえん）：関係が希薄になっている状態。
親密（しんみつ）：きわめてしたしい間柄。

美談（びだん）
醜聞（しゅうぶん）：良くないうわさ。
美談（びだん）：立派な行いについての話。

死角（しかく）
盲点（もうてん）：見落としている点。
死角（しかく）：見渡せない部分。

一般（いっぱん）
普遍（ふへん）：全体に広く行き渡ること。広くあてはまること。
一般（いっぱん）：ごく当たり前であること。

午睡（ごすい）
昼寝（ひるね）：昼間に寝ること。
午睡（ごすい）：ひるね。

根拠（こんきょ）
理由（りゆう）：物事がなぜそうなったかというわけ。
根拠（こんきょ）：主張・判断・行動などを支えるよりどころ。

妥協（だきょう）
譲歩（じょうほ）：自分の意見や主張を曲げて、他の人の説に従ったり妥協したりすること。
妥協（だきょう）：一方または双方が折れ合い、意見をまとめること。

対義語・類義語⑥

次の01～05の**対義語**、06～10の**類義語**を右の□の中から選び、**漢字**で答えよ。□の中の語は一度だけ使うこと。

対義語

☑ 01 融合 ↔ □□

☑ 02 受理 ↔ □□

☑ 03 悲哀 ↔ □□

☑ 04 分割 ↔ □□

☑ 05 不足 ↔ □□

類義語

☑ 06 適切 = □□

☑ 07 死角 = □□

☑ 08 安眠 = □□

☑ 09 屋敷 = □□

☑ 10 不意 = □□

いっかつ

かじょう

かんき

きゃっか

じゅくすい

だとう

ていたく

とうとつ

ぶんり

もうてん

合格点
7/10

1回目
月　日　/10

2回目
月　日　/10

頻出度
B

解　答　　　　　解　説

| 読み |
| 部首 |
| 熟語の構成 |
| 四字熟語 |
| 対義語・類義語 |
| 同音・同訓異字 |
| 誤字訂正 |
| 漢字と送りがな |
| 書き取り |

分離（ぶんり）
融合：とけあって一つのものになること。
分離：一つになっている物をわけること。
出例　分離 ↔ 合併

却下（きゃっか）
受理：申請や書類などを受け付けること。
却下：請願や願書、訴訟などを退けること。

歓喜（かんき）
悲哀：悲しく哀れなさま。
歓喜：大いによろこぶさま。

一括（いっかつ）
分割：いくつかにわけること。
一括：ひとまとめにすること。

過剰（かじょう）
不足：たりないこと。不十分。
過剰：ありあまること。

妥当（だとう）
適切：ぴったりと当てはまっていること。
妥当：実情に当てはまっていること。

盲点（もうてん）
死角：見渡せない部分。
盲点：見落としている点。

熟睡（じゅくすい）
安眠：ぐっすりと眠ること。
熟睡：安らかにぐっすりと眠ること。

邸宅（ていたく）
屋敷：土地が広く、構えも立派な家。家のある一区画の土地。
邸宅：大きく立派な家。

唐突（とうとつ）
不意：思いがけないさま。意外なさま。
唐突：前兆もなくだしぬけであること。

次の＿＿線の**カタカナ**を**漢字**に直せ。

☑ **01** 同人誌の主<u>サイ</u>者に指示を仰ぐ。

☑ **02** 書<u>サイ</u>で読書に没頭する。

☑ **03** <u>ケイ</u>流釣りを楽しむ。

☑ **04** <u>ケイ</u>光灯を点灯する。

☑ **05** あまりの暴言に<u>フン</u>慨した。

☑ **06** 険悪な<u>フン</u>囲気になってきた。

☑ **07** 多少は<u>ダ</u>協の余地がある。

☑ **08** 友人に<u>ダ</u>目出しをされた。

☑ **09** 予算の一部を広告費に<u>サ</u>いた。

☑ **10** 花瓶に花を<u>サ</u>す。

解　答	解　説
しゅさい 主宰	主宰：集まりなどの中心となって、取りまとめる人。 出例 搭載／色彩
しょさい 書斎	書斎：個人宅にある書き物や読書をするための部屋。 出例 粉砕／催促
けいりゅう 渓流	渓流：谷川。 出例 慶事／地下茎
けいこう 蛍光	蛍光：光を当てると別の光を発する現象。ホタルが発する光。 出例 啓示／恩恵
ふんがい 憤慨	憤慨：大いに怒ること。 出例 紛糾／噴煙
ふんいき 雰囲気	雰囲気：その場に生じている独特な気分。 出例 墳墓／興奮
だきょう 妥協	妥協：一方または双方が折れ合い、意見をまとめること。 出例 惰性／堕落
だめ 駄目	駄目：良くない状態にあること。してはいけないこと。 出例 蛇行／打算
さ 割いた	割く：一部を割り振る。切り分ける。 出例 避ける／差す
さ 挿す	挿す：挿し入れる。差し込む。 出例 刺す／裂ける

読み　部首　熟語の構成　四字熟語　対義語・類義語　同音・同訓異字　誤字訂正　漢字と送りがな　書き取り

同音・同訓異字②

次の＿＿線の**カタカナ**を**漢字**に直せ。

☑ **01** 無事、試験に**キュウ**第した。

☑ **02** 建物の老**キュウ**化が著しい。

☑ **03** 不況で**ホウ**給が減額された。

☑ **04** 今までの努力が水**ホウ**となった。

☑ **05** 我が家の系**フ**を調べた。

☑ **06** 相互**フ**助の精神をもつ。

☑ **07** 哀**シュウ**を帯びた映画だ。

☑ **08** 無味無**シュウ**の劇薬を扱う。

☑ **09** 見るに**タ**えない光景だった。

☑ **10** はさみで布を**タ**つ。

解 答	解 説
きゅうだい 及第	及第：試験や審査などに合格すること。 **出例** 窮迫／糾弾
ろうきゅう 老朽	老朽：古くなって、役に立たなくなること。 **出例** 号泣／丘陵
ほうきゅう 俸給	俸給：給料。公務員の報酬。 **出例** 芳紀／模倣
すいほう 水泡	水泡：水のあわ。はかないことのたとえ。 **出例** 崩壊／胞子
けいふ 系譜	系譜：血縁関係を表した図。師弟関係など のつながり。 **出例** 浮揚／腐臭
ふじょ 扶助	扶助：力添えをして、助けること。 **出例** 赴任／賦与
あいしゅう 哀愁	哀愁：もの悲しい気持ち。寂しく悲しい 感じ。 **出例** 応酬／醜態
むしゅう 無臭	無臭：においがないこと。 **出例** 踏襲／収拾
た 堪えない	堪える：することができる。持ちこたえる。 **出例** 垂れる／手向ける
た 裁つ	裁つ：刃物で布などを切る。 **出例** 絶える／炊く

次の＿＿線の**カタカナ**を**漢字**に直せ。

☑ **01** 同リョウと一緒に食事へ行く。

☑ **02** どんなリョウ見なのか、全くわからない。

☑ **03** 失態続きの大臣をヒ免する。

☑ **04** 新曲をヒ露する。

☑ **05** 悪さをした子供を一カツする。

☑ **06** 包カツ的な条約を結んだ。

☑ **07** バイ償金の支払いに応じる。

☑ **08** 花壇にバイ養土をいれる。

☑ **09** 専門家の見解をフまえて方針を決める。

☑ **10** 関係者の名前はフせられた。

解答	解説

同僚（どうりょう）
同僚：おなじ職場に勤める人。地位や役割がおなじ人。
出例　寮／荒涼

了見（りょうけん）
了見：考え。考えをめぐらせること。
出例　診療／丘陵

罷免（ひめん）
罷免：その職を辞めさせること。
出例　卑近／句碑

披露（ひろう）
披露：広く知らせること。
出例　王妃／疲労

一喝（いっかつ）
一喝：大声で、ひと声しかりつけること。
出例　所轄／円滑

包括（ほうかつ）
包括：全体をくるんで一つにまとめること。
出例　割愛／褐色

賠償（ばいしょう）
賠償：損害をつぐなうこと。
出例　媒体／陪審

培養（ばいよう）
培養：養分を与えて植物や細菌などを育てること。
出例　倍旧／購買

踏まえて（ふまえて）
踏まえる：前例などを考慮に入れる。しっかりふみつける。
出例　振る／触れる

伏せ（ふせ）
伏せる：下のほうへ向ける。外面からはわからないようにする。
出例　殖やす／吹く

次の＿＿線の**カタカナ**を**漢字**に直せ。

☑ **01** 常に**タイ**然と構える。

☑ **02** 家主と賃**タイ**契約を結んだ。

☑ **03** 選手宣**セイ**を行った。

☑ **04** 授業が終わり生徒が一**セイ**に席を立つ。

☑ **05** すべての**カ**根を絶つ。

☑ **06** 寄付金の多**カ**は問わない。

☑ **07** 真犯人の存在を示**サ**している。

☑ **08** **サ**欺の手口を見抜く。

☑ **09** 親の愛情に**ウ**えている。

☑ **10** よく**ウ**れたバナナを食べた。

解答	解説
泰然 たいぜん	泰然：落ち着きがあり、物事に動じないさま。 出例 渋滞／怠惰
賃貸 ちんたい	賃貸：かし賃を取って物や住居などをかすこと。 出例 耐震／胎教
宣誓 せんせい	宣誓：人の前でちかいの言葉を述べること。 出例 急逝／請求
一斉 いっせい	一斉：たくさんの人などが同時に何かをするさま。 出例 盛況／気勢
禍根 かこん	禍根：災いの元。 出例 佳境／寸暇
多寡 たか	多寡：多いか少ないか。 出例 担架／一過性
示唆 しさ	示唆：それとなくしめすこと。 出例 閉鎖／再来年
詐欺 さぎ	詐欺：他人をだまして金品などを奪って損害を与えること。 出例 砂上
飢えて う	飢える：食べ物がなくなり、耐え難い空腹状態になること。 出例 請ける／埋める
熟れた う	熟れる：果実が成熟する。実る。 出例 敵討ち／浮かれる

読み　部首　熟語の構成　四字熟語　対義語・類義語　同音同訓異字　誤字訂正　漢字と送りがな　書き取り

177

次の各文にまちがって使われている**同じ読みの漢字**が**一字**ある。**誤字**と**正しい漢字**を答えよ。

☑ **01** 世界文化遺産を巡る旅が人気を集めており、中でもこの遺績は非常に人気がある。

☑ **02** 医料費の個人負担が増加の一途をたどっており、国は改善に腐心している。

☑ **03** 庁舎の老旧化が指摘されたが、財政難で改築予算の見通しが立たない。

☑ **04** 紛争解決に奔走した活動家の死に対し、報道機関は追倒の記事を配信した。

☑ **05** 皆で特訓した練習の成果を披朗出来るよう最後まで気を抜かずに準備する。

☑ **06** 大会では優秀な選手が目白押で、様々な国内記録や大会記録が向新された。

☑ **07** 資金調達や人事交渉が決裂し、遂に事業からの徹退を余儀なくされた。

☑ **08** 著名な作家が死亡したという速報による衝激が全世界を駆け抜けた。

☑ **09** 先端技術を駆使した施設のため、機密部分は撮映禁止の措置がとられている。

☑ **10** 控えに甘んじていた選手が決勝戦に先発で登場し、四安打三打点と大活役をした。

解 答	解 説
績 ➡ 跡	遺跡：過去の人間の営みが、形として残っている場所。
料 ➡ 療	医療：薬や技術・設備により病気や傷を治すこと。
旧 ➡ 朽	老朽化：古くなって、役に立たなくなること。
倒 ➡ 悼	追悼：死者の生前をしのんで、悲しみにひたること。
朗 ➡ 露	披露：広く知らせること。
向 ➡ 更	更新：それまでの記録や状態などを新しくすること。
徹 ➡ 撤	撤退：拠点から引き払って退くこと。
激 ➡ 撃	衝撃：不慮の出来事などによる精神的ショック。激しく当たること。
映 ➡ 影	撮影：写真や映画などを撮ること。 豆 映画との連想から「映」を見過ごしやすい
役 ➡ 躍	活躍：すばらしい働きをすること。大いに活動すること。

読み　部首　熟語の構成　四字熟語　対義語・類義語　同音・同訓異字　誤字訂正　漢字と送りがな　書き取り

179

次の各文にまちがって使われている**同じ読みの漢字**が**一字**ある。**誤字**と**正しい漢字**を答えよ。

☐ **01** 列車に爆弾を仕掛けたとの脅迫状が届いたため、全国で警怪態勢が取られた。

☐ **02** 犯人は警備員の循回経路を事前に調べて建物に侵入し、犯行に及んだ。

☐ **03** 情報呈供は懇切であるべきだが、個人情報の扱いは極力慎重でなければならない。

☐ **04** はやる気持ちを抑勢して自動車を運転するように肝に銘じている。

☐ **05** 若くしてデビューした人物は銀幕や舞台で大活躍する華礼な人生を送った。

☐ **06** 空気が乾燥する冬は風邪やインフルエンザなどの感染症が猛偉を振るう。

☐ **07** 地震や風水害などに対して各家庭単位でも平素から供えることが必要である。

☐ **08** 地球温暖化の影況で気候の変化や動植物の分布変化などが進行している。

☐ **09** 様々な事情で学校に通えない子供に対する配虜が必要とされている。

☐ **10** 著名人の招待客が多数いる剛華な披露宴に参加することとなった。

読み | 部首 | 熟語の構成 | 四字熟語 | 対義語・類義語 | 同音・同訓異字 | 誤字訂正 | 漢字と送りがな | 書き取り

解答 / 解説

解答	解説
怪 ➡ 戒	警戒：危険などに備えて、用心すること。
循 ➡ 巡	巡回：犯罪など、異状がないかを見て回ること。ある目的のために順番に移動すること。
呈 ➡ 提	提供：自分のものをほかの人などに差し出すこと。
勢 ➡ 制	抑制：衝動的な感情や過激な行動などを抑えること。
礼 ➡ 麗	華麗：はなやかで美しいさま。
偉 ➡ 威	猛威：流行病などの猛烈な勢い。すさまじい威力。
供 ➡ 備	備える：必要な物事を事前に用意しておくこと。　（豆）「供える」は「神仏に差し上げる」の意
況 ➡ 響	影響：作用や力が強いため、ほかの物事にまでそれが及ぶこと。
虜 ➡ 慮	配慮：心を配ること。人のために気をつかうこと。
剛 ➡ 豪	豪華：ぜいたくで、派手なこと。また、そのさま。

次の___線の**カタカナ**を**漢字一字**と**送りがな(ひらがな)**に直せ。 質問に**コタエル**。 答える

☑ **01** 茂みの中に**カクレル**。

☑ **02** 両者の関係が完全に**コワレル**。

☑ **03** 人工魚礁を海底に**シズメル**。

☑ **04** プレゼントにカードを**ソエル**。

☑ **05** 完成までに三年を**ツイヤス**。

☑ **06** 思い**マドウ**ことなく決断した。

☑ **07** **ホコラシイ**思いに満ちていた。

☑ **08** 突然の連絡に**オドロク**。

☑ **09** サボテンを**カラシ**てしまった。

☑ **10** 先生はまさに郷土の**ホマレ**だ。

解 答 解 説

解答	解説
隠れる	隠れる：目につかないように潜む。 **出例** 隠す
壊れる	壊れる：物の形や関係が崩れる。故障する。 **出例** 壊す
沈める	沈める：水面などの下に置く。水の底に位置させる。
添える	添える：付け加える。一緒に付ける。付きそわせる。
費やす	費やす：時間・金銭・労力などを使ってなくす。 **出例** 費える
惑う	惑う：どうすべきかわからず判断にくるしむ。心が迷う。
誇らしい	誇る：人に自慢したい気持ちである。
驚く	驚く：思いがけない出来事にびっくりする。心に衝撃を受ける。 **出例** 驚かす
枯らし	枯らす：植物などをかれさせる。 **出例** 枯れる
誉れ	誉れ：評判が良いこと。誇り。 **✗**誉まれ

右側縦書き：読み／部首／熟語の構成／四字熟語／対義語・類義語／同音・同訓異字／誤字訂正／漢字と送りがな／書き取り

次の＿＿線の**カタカナ**を**漢字一字**と**送りがな（ひらがな）**に直せ。　質問に<u>コタエル</u>。答える

☑ **01** 規則を<u>フマエテ</u>行動する。

☑ **02** まもなく食糧が<u>ツキル</u>だろう。

☑ **03** 武力に<u>ウッタエル</u>。

☑ **04** <u>メズラシイ</u>土産品をいただく。

☑ **05** 雰囲気が<u>ナゴヤカ</u>だ。

☑ **06** 試合に負け、思わず天を<u>アオイダ</u>。

☑ **07** 名湯を<u>メグル</u>旅に出る。

☑ **08** 詳しいことは言葉を<u>ニゴス</u>。

☑ **09** 暑さで食物が<u>クサル</u>。

☑ **10** 会場内が<u>サワガシイ</u>。

頻出度
B

合格点
7/10

1回目
月　日　/10

2回目
月　日　/10

解答	解説

読み

部首

熟語の構成

四字熟語

対義語・類義語

同音・同訓異字

誤字訂正

漢字と送りがな

書き取り

踏(ふ)まえて
> 踏まえる：前例などを考慮に入れる。しっかりふみつける。
> 出例 足踏み

尽(つ)きる
> 尽きる：減って無くなる。果てる。
> 出例 尽かす／尽くす

訴(うった)える
> 訴える：強い手段を使う。告訴・告発をする。気持ちを強く伝える。

珍(めずら)しい
> 珍しい：見聞きすることが少ないこと。

和(なご)やか
> 和やか：穏やかでやわらかいさま。
> 出例 和らげる

仰(あお)いだ
> 仰ぐ：顔を上に向けて見る。尊敬する。
> 出例 仰々(ぎょうぎょう)しい

巡(めぐ)る
> 巡る：各所に立ち寄る。一回りする。
> 出例 お巡りさん

濁(にご)す
> 濁す：不透明、不鮮明な状態にする。
> 出例 濁る

腐(くさ)る
> 腐る：食べ物などがいたむ、腐敗する。気力を失う。
> 出例 腐らす

騒(さわ)がしい
> 騒がしい：大きい音や声がやかましいさま。
> 出例 騒ぐ／騒騒しい／胸騒ぎ

次の＿＿線の**カタカナ**を**漢字一字**と**送りがな（ひらがな）**に直せ。　質問に<u>コタエル</u>。答える

☑ **01** ご用向きは<u>ウケタマワリ</u>ました。

☑ **02** 部下を手足のように<u>アヤツル</u>。

☑ **03** <u>イソガシイ</u>中、時間を見つけて勉強する。

☑ **04** <u>スルドイ</u>視線を向ける。

☑ **05** 寺の鐘の音が<u>ヒビク</u>。

☑ **06** 長い髪を<u>ユワエル</u>。

☑ **07** 注意して作品に<u>サワル</u>。

☑ **08** 工事のため道幅を<u>セバメル</u>。

☑ **09** <u>フルエル</u>体を温めた。

☑ **10** おきゅうを<u>スエル</u>。

解答	解説
承り（うけたまわり）	承る：「聞く・受ける・承知する」の謙譲表現。
操る（あやつる）	操る：上手に使う。別の場所から物や人を思い通りに動かす。 ✗ 操つる
忙しい（いそがしい）	忙しい：するべきことが多くて休む暇がない。
鋭い（するどい）	鋭い：突き刺さるような感じがある。とがっている。 ✗ 鋭どい
響く（ひびく）	響く：音声などが遠く（大きく）伝わること。 出例 地響き
結わえる（ゆわえる）	結わえる：むすぶ。くくる。
触る（さわる）	触る：手などを軽く物につける。 出例 触れる
狭める（せばめる）	狭める：せまくする。間隔を少なくする。 出例 狭まる
震える（ふるえる）	震える：体や物などが細かく揺れ動く。
据える（すえる）	据える：物を動かないようにある場所に置く。落ち着ける。 出例 据わる

読み　部首　熟語の構成　四字熟語　対義語・類義語　同音・同訓異字　誤字訂正　漢字と送りがな　書き取り

書き取り①

次の＿＿線の**カタカナ**を**漢字**に直せ。

☑ **01** どこからともなく**イシュウ**がする。

☑ **02** **ジュウジツ**した毎日を過ごす。

☑ **03** 家族の**ショウゾウ**画を描いてもらう。

☑ **04** 社会には一定の**チツジョ**が求められる。

☑ **05** 状況を**ハアク**した上で対処法を示す。

☑ **06** 旅行でどこに**シュクハク**するか相談する。

☑ **07** 災害の被害は広範囲に**オヨ**ぶ。

☑ **08** **ハズ**むようなリズムが心地良い。

☑ **09** 洗ったセーターを**カゲボ**しする。

☑ **10** 友人は**ヨワタ**りがうまい。

解 答	解 説

異臭（い しゅう）
異臭：いやなにおい。
出例 消臭／臭い

充実（じゅうじつ）
充実：必要なものが備わること。内容が満ちていること。
出例 拡充／充血

肖像（しょうぞう）
肖像：人の顔や姿を写した絵や写真、彫刻などの像。

秩序（ちつじょ）
秩序：物事の正しい筋道。

把握（は あく）
把握：正しく理解すること。手でつかむこと。

宿泊（しゅくはく）
宿泊：旅先などでとまること。
出例 外泊／素泊まり／泊まる

及ぶ（およ ぶ）
及ぶ：達する。ある状態になる。自分の力が届く。
出例 及ぼす

弾む（はず む）
弾む：何かに当たって反動の力で勢いよくはねあがる。活気を帯びる。
出例 弾く／弾圧／弾力

陰干し（かげ ほ し）
陰干し：強い日差しを避けて日かげで干すこと。
出例 陰口／陰る／陰気
✗影干し

世渡り（よ わた り）
世渡り：世の中で暮らしを立てていくこと。
出例 渡す／過渡期
類義語 渡世

書き取り②

次の___線の**カタカナ**を**漢字**に直せ。

☐ **01** <u>ガクフ</u>を見なくても演奏できる。

☐ **02** 犯人は過去を<u>マッショウ</u>しようとした。

☐ **03** 窓辺から<u>フウリン</u>の音が聞こえる。

☐ **04** <u>スイトウ</u>に紅茶を入れて持ち運ぶ。

☐ **05** 銀行に<u>ユウシ</u>を頼みに行った。

☐ **06** まるで城のような<u>ゴウテイ</u>だ。

☐ **07** 無理をして健康を<u>ソコ</u>なった。

☐ **08** <u>サワ</u>の水を口に含んだ。

☐ **09** 会場の雰囲気が<u>ヤワ</u>らいだ。

☐ **10** 悲しくなって天を<u>アオ</u>ぐ。

解 答	解 説
楽譜 がく ふ	楽譜：楽曲を音符や記号などで書き表した もの。 出例 譜面
抹消 まっしょう	抹消：塗りつぶしてけすこと。 出例 抹茶
風鈴 ふうりん	風鈴：金属やガラスなどでできた、特に夏 に音色を楽しむ小さな鈴。 出例 予鈴／鈴
水筒 すいとう	水筒：飲み物などを入れて持ち運べるよう にした容器。 出例 封筒／筒抜け
融資 ゆう し	融資：資金の調達・貸し出し。 出例 融解／融通
豪邸 ごうてい	豪邸：大きく立派な屋敷。 出例 官邸／邸宅
損なった そこ	損なう：体調を悪くする。物などを壊す。 出例 損ねる 対義語 益する／得る
沢 さわ	沢：山中の源流に近い谷川。浅くて草の茂 った低湿地。 出例 沢登り／光沢
和らいだ やわ	和らぐ：穏やかになる。なごむ。傷みなど がおさまる。 出例 和らげる
仰ぐ あお	仰ぐ：顔を上に向ける。尊敬する。 出例 信仰／仰仰しい

読み　部首　熟語の構成　四字熟語　対義語・類義語　同音・同訓異字　誤字訂正　漢字と送りがな　**書き取り**

書き取り③

次の＿＿線の**カタカナ**を**漢字**に直せ。

☐ **01** <u>キンリン</u>諸国と友好関係にある。

☐ **02** 父は<u>カヨウ</u>曲を聴くのが好きだ。

☐ **03** <u>チンミ</u>をさかなに酒を飲む。

☐ **04** 自動車事故が<u>レンサ</u>して生じた。

☐ **05** この掃除機は<u>カンデンチ</u>で動く。

☐ **06** 症状が診断結果と<u>ガッチ</u>する。

☐ **07** わけもなく<u>ムナサワ</u>ぎがする。

☐ **08** 誰もが皆、悩みを<u>カカ</u>えている。

☐ **09** 寒さで<u>ハ</u>く息が白い。

☐ **10** 困窮して両親を<u>タヨ</u>る。

合格点
7/10
1回目
月　日 /10
2回目
月　日 /10
頻出度 B

解　答	解　説

近隣
きんりん

近隣：となり近所。すぐ近くの位置。
出例 隣接／隣国／隣
類義語 近辺／近傍／隣接

歌謡
か よう

歌謡：通俗的な歌。流行歌。
出例 童謡

珍味
ちん み

珍味：めったに味わえないような、めずらしくてうまいもの。
出例 珍重／珍事／珍しい

連鎖
れん さ

連鎖：物事が互いにつながっていること。
出例 閉鎖／鎖

乾電池
かんでん ち

乾電池：携帯を便利にした固形電池。
出例 乾杯／乾燥／乾かす

合致
がっ ち

合致：ちょうどぴったりとあうこと。
出例 致命／一致／致す
✗合値

胸騒ぎ
むな さわ

胸騒ぎ：悪い予感などのために不安になり、胸がどきどきすること。
出例 騒ぐ／騒騒しい／騒音

抱えて
かか

抱える：囲むように腕をまわして持つ。自分の負担になるものを持つ。
出例 抱く／抱負

吐く
は

吐く：中のものを外に出す。口や胃の中のものを外に出す。出例 吐息／吐露
豆 「吐く」の対義語は「吸う・飲む」など

頼る
たよ

頼る：たのみとする。依存する。
出例 頼もしい／頼む／信頼

読 み
部 首
熟語の構成
四字熟語
対義語・類義語
同音・同訓異字
誤字訂正
漢字と送りがな
書き取り

次の＿＿線の**カタカナ**を**漢字**に直せ。

☑ **01** 患者の<u>ミャクハク</u>が弱くなった。

☑ **02** <u>シュビ</u>一貫した態度で臨む。

☑ **03** 作家に<u>ゲンコウ</u>料を支払う。

☑ **04** 袋が<u>マンパイ</u>になるほどクリを拾った。

☑ **05** 祖父は<u>ゴウカイ</u>な性格で人から好かれる。

☑ **06** 兄は<u>キバツ</u>な行動で知られている。

☑ **07** 授業中に<u>イネム</u>りをしてしまった。

☑ **08** <u>ケモノミチ</u>をたどり獲物を追う。

☑ **09** 頑丈な<u>ツツミ</u>を築いた。

☑ **10** すっかり予定が<u>クル</u>ってしまった。

解 答	解 説

脈拍（みゃくはく）
脈拍：心臓の動きにより生じる動脈壁の振動。
出例 拍子／拍車

首尾（しゅび）
首尾：最初から最後まで。
出例 尾翼／尾行／尾／尾根 ✕主尾
類義語 終始

原稿（げんこう）
原稿：印刷物のもととなる文章や写真。また、そのために書かれた文章。発表する文章の下書き。草稿。出例 投稿

満杯（まんぱい）
満杯：容器がいっぱいになること。
出例 祝杯

豪快（ごうかい）
豪快：堂々として力強く、気持ちがよいさま。
出例 豪語／文豪

奇抜（きばつ）
奇抜：きわめて風変わりなさま。ほかよりぬきん出ているさま。
出例 好奇心／数奇 類義語 奇矯／突飛

居眠り（いねむり）
居眠り：座ったままで眠ること。
出例 眠い／眠る／安眠／冬眠

獣道（けものみち）
獣道：野生動物が通ったことでできた山中の道。
出例 獣／獣医／野獣

堤（つつみ）
堤：水があふれないように岸に沿って土や石などを盛った構造物。土手。
出例 堤防／防波堤 ✕提

狂って（くるって）
狂う：精神の調和がとれなくなる。気がふれる。物事の働きや状態が正常でなくなる。
出例 熱狂／狂言

書き取り⑤

次の＿＿線の**カタカナ**を**漢字**に直せ。

☑ **01** 犯行現場に<u>シモン</u>が残っている。

☑ **02** <u>ゲンカン</u>を掃いておきなさい。

☑ **03** 動物や植物などを<u>ソウショウ</u>して生物と呼ぶ。

☑ **04** 夢が実現して<u>カンルイ</u>にむせぶ。

☑ **05** 大雨に<u>ケイカイ</u>する必要がある。

☑ **06** 技術を<u>クシ</u>して商品が完成した。

☑ **07** <u>アワ</u>い色合いの和服を着ている。

☑ **08** 既に<u>スタ</u>れた風習を研究する。

☑ **09** <u>エリ</u>にのりを付けてアイロンをかける。

☑ **10** 祖母は<u>シブ</u>いお茶を好む。

合格点
7/10
1回目
月 日 /10
2回目
月 日 /10
頻出度 B

解答 | 解説

指紋（しもん）
指紋：指先内側表面にある、多くの線による紋様。
出例 波紋／紋章 ❌指文

玄関（げんかん）
玄関：家の正面の出入り口。
出例 玄米
対義語 裏口／勝手口

総称（そうしょう）
総称：まとめて一つの呼び名で呼ぶこと。その呼び名。
出例 自称／対称

感涙（かんるい）
感涙：感動して流すなみだ。
出例 涙
類義語 感泣

警戒（けいかい）
警戒：災害や危険などに対し、あらかじめ用心すること。
出例 戒律／戒める

駆使（くし）
駆使：追い立てて使うこと。自由自在に使うこと。
出例 駆除／先駆／駆ける

淡い（あわい）
淡い：色や味などが薄いこと。
出例 淡淡 豆 「淡」の対義語は「濃」
❌泡

廃れた（すたれた）
廃れる：衰える。行われなくなる。
出例 廃る／廃棄／廃材

襟（えり）
襟：衣服のえり。
出例 襟元／襟首

渋い（しぶい）
渋い：舌がしびれるような味。味わい深い。不満そうな様子。けちである。
出例 渋る／渋滞／難渋

次の___線の**カタカナ**を**漢字**に直せ。

☑ **01** 豪華なお<u>セイボ</u>の品をいただいた。

☑ **02** 大気<u>オセン</u>による健康被害が続出した。

☑ **03** 美術品の<u>カンテイ</u>を依頼する。

☑ **04** 生活<u>ヒツジュ</u>品を買い求める。

☑ **05** 国の<u>ハンエイ</u>を第一に考える。

☑ **06** 事前に危険を<u>カイヒ</u>する。

☑ **07** 損害を<u>ツグナ</u>う必要がある。

☑ **08** 争いは<u>ドロヌマ</u>の様相を呈する。

☑ **09** 家具の上のほこりを<u>ハラ</u>う。

☑ **10** 雪をいただく<u>ミネ</u>が朝日に映える。

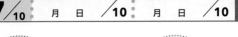
解　答	解　説
<ruby>歳暮<rt>せい ぼ</rt></ruby>	<ruby>歳暮<rt>せいぼ</rt></ruby>：年末。年末に贈り物をすること、その贈り物。 **出例** <ruby>歳月<rt>さいげつ</rt></ruby>／<ruby>歳末<rt>さいまつ</rt></ruby>
<ruby>汚染<rt>お せん</rt></ruby>	<ruby>汚染<rt>おせん</rt></ruby>：よごれにそまること。とくに細菌や有毒成分、ごみなどでよごされること。また、よごすこと。**出例** <ruby>汚濁<rt>おだく</rt></ruby>／<ruby>汚点<rt>おてん</rt></ruby>／<ruby>汚<rt>きたな</rt></ruby>い／<ruby>汚<rt>よご</rt></ruby>す
<ruby>鑑定<rt>かんてい</rt></ruby>	<ruby>鑑定<rt>かんてい</rt></ruby>：専門知識や手法により、真偽などを判断すること。 **出例** <ruby>印鑑<rt>いんかん</rt></ruby>／<ruby>鑑賞<rt>かんしょう</rt></ruby>　**類義語** <ruby>鑑査<rt>かんさ</rt></ruby>／<ruby>鑑識<rt>かんしき</rt></ruby>
<ruby>必需<rt>ひつじゅ</rt></ruby>	<ruby>必需<rt>ひつじゅ</rt></ruby>：なくてはならないこと。 **出例** <ruby>内需<rt>ないじゅ</rt></ruby>／<ruby>需要<rt>じゅよう</rt></ruby>
<ruby>繁栄<rt>はんえい</rt></ruby>	<ruby>繁栄<rt>はんえい</rt></ruby>：勢いよくさかえること。 **出例** <ruby>繁殖<rt>はんしょく</rt></ruby>／<ruby>繁茂<rt>はんも</rt></ruby> **対義語** <ruby>衰退<rt>すいたい</rt></ruby>／<ruby>衰微<rt>すいび</rt></ruby>　**類義語** <ruby>繁盛<rt>はんじょう</rt></ruby>
<ruby>回避<rt>かい ひ</rt></ruby>	<ruby>回避<rt>かいひ</rt></ruby>：物事にぶつからないように、さけること。危険や面倒な事態をまぬかれようとすること。**出例** <ruby>避難<rt>ひなん</rt></ruby>／<ruby>避暑<rt>ひしょ</rt></ruby>／<ruby>避<rt>さ</rt></ruby>ける
<ruby>償<rt>つぐな</rt></ruby>う	<ruby>償<rt>つぐな</rt></ruby>う：相手に与えた損失を金品を出して補う。あやまちの埋め合わせをする。 **出例** <ruby>弁償<rt>べんしょう</rt></ruby>
<ruby>泥沼<rt>どろぬま</rt></ruby>	<ruby>泥沼<rt>どろぬま</rt></ruby>：どろの深いぬま。抜け出すのが困難な悪い状況。 **出例** <ruby>泥<rt>どろ</rt></ruby>／<ruby>泥縄<rt>どろなわ</rt></ruby>
<ruby>払<rt>はら</rt></ruby>う	<ruby>払<rt>はら</rt></ruby>う：手や用具などで不要なものを取り除く。**出例** <ruby>支払<rt>しはら</rt></ruby>い　**豆**「退去させる・お金を支払う」などの意もある
<ruby>峰<rt>みね</rt></ruby>	<ruby>峰<rt>みね</rt></ruby>：山の頂上とその付近。刃物の背の部分。 **出例** <ruby>連峰<rt>れんぽう</rt></ruby>

読み　部首　熟語の構成　四字熟語　対義語・類義語　同音・同訓異字　誤字訂正　漢字と送りがな　書き取り

次の＿＿線の**カタカナ**を**漢字**に直せ。

☑ **01** 中東で石油の**サイクツ**に携わる。

☑ **02** 奇抜な**シュコウ**を盛り込んだ料理だ。

☑ **03** **ロボウ**にかわいい花が咲く。

☑ **04** 親の財産を**ケイショウ**する。

☑ **05** 深夜に**キュウカン**が運び込まれた。

☑ **06** 手についた**ザッキン**を消毒する。

☑ **07** 予算の大まかな**ワク**を決める。

☑ **08** 何度怒られても**コ**りない。

☑ **09** パソコンの反応が**ニブ**い。

☑ **10** 明らかに実力が**オト**っている。

解 答	解 説
採掘 さいくつ	採掘：地中の鉱物などをほり出すこと。 **出例** 発掘／掘る
趣向 しゅこう	趣向：おもしろみのある工夫。おもむき。 **出例** 趣味／趣
路傍 ろぼう	路傍：道端。 **出例** 傍受
継承 けいしょう	継承：先代の財産や前任者の地位などを、そのまま受けつぐこと。**出例** 継続／中継／継ぐ **類義語** 承継
急患 きゅうかん	急患：急病。急病の患者。 **出例** 疾患
雑菌 ざっきん	雑菌：様々な種類の細菌。 **出例** 抗菌
枠 わく	枠：骨組みや囲み。物事の型。 **出例** 枠組み
懲りない こ	懲りる：いやな目にあい、同じことを二度としない気持ちを持つ。 **出例** 懲らしめる／懲らす
鈍い にぶ	鈍い：するどくない。感度が悪い。 **出例** 鈍る／鈍感
劣って おと	劣る：他にくらべて程度が低い。ひけをとる。 **出例** 劣等／優劣

読み・部首・熟語の構成・四字熟語・対義語 類義語・同音 同訓異字・誤字訂正・漢字と送りがな・**書き取り**

201

書き取り⑧

次の___線の**カタカナ**を**漢字**に直せ。

☑ **01** 地元企業に**コウケン**したい。

☑ **02** オンラインで**コウニュウ**した。

☑ **03** 戦地の**サンジョウ**を報道する。

☑ **04** 原稿の**シッピツ**が遅れている。

☑ **05** 自衛隊が**ソウサク**活動を行った。

☑ **06** **タンテイ**の活躍で事件が解決した。

☑ **07** 選択肢を**セバ**める必要はない。

☑ **08** **ハグキ**から血が出ているようだ。

☑ **09** 子供が散らかした<ruby>玩<rt>がん</rt></ruby>具を元に**モド**す。

☑ **10** **トウゲ**の茶屋で一服しよう。

解 答	解 説
こうけん 貢献	貢献：社会や物事のために尽力すること。 出例 年貢
こうにゅう 購入	購入：買うこと。 出例 購買
さんじょう 惨状	惨状：痛ましく、むごたらしいさま。 出例 惨事／大惨事
しっぴつ 執筆	執筆：文学作品や文章を書くこと。 出例 執る
そうさく 捜索	捜索：行方不明の人などをさがし求めること。 出例 捜査
たんてい 探偵	探偵：ひそかに事実を調べること、それをする人。 出例 偵察
せば 狭める	狭める：せまくする。肩身のせまい思いをさせる。 出例 狭い
は ぐき 歯茎	歯茎：歯の根元を覆っている部分。 出例 茎
もど 戻す	戻す：元の状態に返す。 出例 戻る
とうげ 峠	峠：山道の最高地点。全盛期。最も危険な時期。（豆）「峠」は国字

書き取り⑨

次の___線の**カタカナ**を**漢字**に直せ。

☐ **01** <u>ヘンケン</u>を持たないように努める。

☐ **02** 山の<u>セイリョウ</u>な空気を吸う。

☐ **03** 警察犬が犯人を<u>イカク</u>している。

☐ **04** 事件の<u>カクシン</u>に迫る記事を読んだ。

☐ **05** 意に沿わない計画は断固<u>キョヒ</u>する。

☐ **06** 歯列の<u>キョウセイ</u>を行う。

☐ **07** この上<u>サラ</u>に何が必要なのか。

☐ **08** <u>エラ</u>い人の前で気後れがした。

☐ **09** 大切な時計を<u>コワ</u>した。

☐ **10** 観光名所を<u>メグ</u>る。

解　答　　　　　　解　説

<ruby>偏見<rt>へんけん</rt></ruby>	偏見：かたよった見方や考え方。 **出例** 偏食
<ruby>清涼<rt>せいりょう</rt></ruby>	清涼：さわやかですずしいこと。 **出例** 納涼／涼しい／涼む
<ruby>威嚇<rt>い かく</rt></ruby>	威嚇：おどかすこと。
<ruby>核心<rt>かくしん</rt></ruby>	核心：物事の中心となる、大切な部分。 **豆**「核心に迫る」は物事の本質を突き止めようとすること
<ruby>拒否<rt>きょ ひ</rt></ruby>	拒否：要求をこばむこと。 **出例** 拒む
<ruby>矯正<rt>きょうせい</rt></ruby>	矯正：欠点などを直してただしくすること。
<ruby>更に<rt>さら</rt></ruby>	更に：これまでの状態に加えて。重ねて。 **出例** 更新／更衣 **豆**「更」には「変える・改める」などの意もある
<ruby>偉い<rt>えら</rt></ruby>	偉い：人格・地位・行動などが優れていて立派なさま。はなはだしいこと。 **出例** 偉大
<ruby>壊した<rt>こわ</rt></ruby>	壊す：物に力を加えて形を崩したり、使用できないようにしたりする。故障させる。 **出例** 壊れる／決壊／破壊
<ruby>巡る<rt>めぐ</rt></ruby>	巡る：周囲をまわる。周囲を取り囲む。あちこち歩きまわる。 **出例** 巡視／巡業

読み

部首

熟語の構成

四字熟語

対義語・類義語

同音・同訓異字

誤字訂正

漢字と送りがな

書き取り

書き取り⑩

次の___線の**カタカナ**を**漢字**に直せ。

☑ **01** キョウタンに値する出来事だ。

☑ **02** ケンメイな努力が実り合格できた。

☑ **03** ホウシュウの金額は事前に決めておく。

☑ **04** 猟師のジュウセイが鳴り響く。

☑ **05** 兄はジュンカン器を専門としている。

☑ **06** 検査結果はゴシンだった。

☑ **07** 冷水に指をヒタす。

☑ **08** 商店街がサビれる。

☑ **09** 花壇の雑草の芽をツむ。

☑ **10** ライバル会社の売り上げ額をヌいた。

解答	解説
きょうたん **驚嘆**	驚嘆：素晴らしい出来事などにひどく感心すること。 出例 驚異／驚く
けんめい **懸命**	懸命：全力で事にあたること。頑張ること。 出例 懸案
ほうしゅう **報酬**	報酬：労働などの対価としての礼。
じゅうせい **銃声**	銃声：銃を発射したときに出る音。 出例 銃弾／銃刀
じゅんかん **循環**	循環：同じ経路を繰り返して回ること。 「循環器」は、体内で血液やリンパ液を巡らせる働きをもつ器官の総称。
ごしん **誤診**	誤診：医師が診断をあやまること、またその内容。 出例 打診
ひた **浸す**	浸す：液体の中につける。 出例 水浸し／浸る／浸透／浸水
さび **寂れる**	寂れる：活気がなくなってさびしくなる。衰える。 出例 寂しい／静寂
つ **摘む**	摘む：指で挟み取る。 出例 茶摘み／摘出／指摘 ❌詰／積
ぬ **抜いた**	抜く：前の者より先・上に出る。何かに入っている物を取り出す。 出例 抜かる／抜ける／海抜／選抜

書き取り⑪

次の＿＿線の**カタカナ**を**漢字**に直せ。

☐ **01** センサイな味付けの料理を楽しむ。

☐ **02** 質問を受けソクザに回答した。

☐ **03** 山頂からのチョウボウは格別だ。

☐ **04** 昨日の発言をテッカイする。

☐ **05** 友人はトウトツに話し出した。

☐ **06** 土地の価格がキュウトウする。

☐ **07** 沖に小船がウかんでいる。

☐ **08** 口元に母のオモカゲがある。

☐ **09** メッセージをソえて渡す。

☐ **10** 程よくアマいケーキを食べる。

解答	解説
<ruby>繊細<rt>せんさい</rt></ruby>	<ruby>繊細<rt>せんさい</rt></ruby>：感覚やきめがこまやかなさま。
<ruby>即座<rt>そく ざ</rt></ruby>	<ruby>即座<rt>そくざ</rt></ruby>：その場ですぐに。**出例** <ruby>即興<rt>そっきょう</rt></ruby>／<ruby>即席<rt>そくせき</rt></ruby> **対義語** <ruby>後刻<rt>ごこく</rt></ruby> **類義語** <ruby>即刻<rt>そっこく</rt></ruby>／<ruby>即時<rt>そくじ</rt></ruby> ❌<ruby>速座<rt></rt></ruby>
<ruby>眺望<rt>ちょうぼう</rt></ruby>	<ruby>眺望<rt>ちょうぼう</rt></ruby>：見晴らし。広いながめ。 **出例** <ruby>眺<rt>なが</rt></ruby>める
<ruby>撤回<rt>てっかい</rt></ruby>	<ruby>撤回<rt>てっかい</rt></ruby>：一度公にしたものを取り下げること。 **出例** <ruby>撤廃<rt>てっぱい</rt></ruby>
<ruby>唐突<rt>とうとつ</rt></ruby>	<ruby>唐突<rt>とうとつ</rt></ruby>：急に何かを始めるさま。出し抜けなさま。 **出例** <ruby>唐草<rt>からくさ</rt></ruby> **類義語** <ruby>突如<rt>とつじょ</rt></ruby>／<ruby>突然<rt>とつぜん</rt></ruby>
<ruby>急騰<rt>きゅうとう</rt></ruby>	<ruby>急騰<rt>きゅうとう</rt></ruby>：物価や相場などが急激に上がること。 **出例** <ruby>暴騰<rt>ぼうとう</rt></ruby>
<ruby>浮<rt>う</rt></ruby>かんで	<ruby>浮<rt>う</rt></ruby>かぶ：水面などにとどまっているさま。底や地面から離れているさま。 **出例** <ruby>浮<rt>う</rt></ruby>く／<ruby>浮<rt>う</rt></ruby>かす／<ruby>浮上<rt>ふじょう</rt></ruby>／<ruby>浮力<rt>ふりょく</rt></ruby> **対義語** <ruby>沈<rt>しず</rt></ruby>む
<ruby>面影<rt>おもかげ</rt></ruby>	<ruby>面影<rt>おもかげ</rt></ruby>：心の中に思い浮かべる顔や姿。誰かを思い起こさせる顔つきや様子。 **出例** <ruby>人影<rt>ひとかげ</rt></ruby>／<ruby>影絵<rt>かげえ</rt></ruby>／<ruby>影響<rt>えいきょう</rt></ruby>
<ruby>添<rt>そ</rt></ruby>えて	<ruby>添<rt>そ</rt></ruby>える：そばにつける。付け加える。 **出例** <ruby>添乗<rt>てんじょう</rt></ruby>／<ruby>添加<rt>てんか</rt></ruby>
<ruby>甘<rt>あま</rt></ruby>い	<ruby>甘<rt>あま</rt></ruby>い：糖分の味がする。 **出例** <ruby>甘党<rt>あまとう</rt></ruby>／<ruby>甘酒<rt>あまざけ</rt></ruby>／<ruby>甘美<rt>かんび</rt></ruby>／<ruby>甘味料<rt>かんみりょう</rt></ruby>

読み　部首　熟語の構成　四字熟語　対義語・類義語　同音・同訓異字　誤字訂正　漢字と送りがな　書き取り

次の＿＿＿線の**漢字の読み**を**ひらがな**で答えよ。

☑ **01** 注文には迅速に対応しよう。

☑ **02** 戸籍謄本を用意する。

☑ **03** 神社は独特の雰囲気に包まれていた。

☑ **04** あの二人は犬猿の仲だ。

☑ **05** 近所にある外科で診てもらう。

☑ **06** 一国の宰相に就任した。

☑ **07** 最大の欠点が露呈した。

☑ **08** 話し合いはもつれ、泥沼のようだった。

☑ **09** 遊覧船が岬を巡っていった。

☑ **10** 紙一重の差で試合に勝利した。

頻出度

C

合格点
7/10

1回目
月　日　／**10**

2回目
月　日　／**10**

解答	解説

読み

部首

熟語の構成

四字熟語

対義語・類義語

同音・同訓異字

誤字訂正

漢字と送りがな

書き取り

じんそく	迅速：すばやいさま。
とうほん	謄本：原本をそのままの内容で写し取った文書。一般的には戸籍謄本をさす。
ふんいき	雰囲気：その場所に自然に作り出されている特有の気分。 ❌ふいんき
けんえん	犬猿：「犬猿の仲」は「なにかにつけて争うような仲の悪さ」のたとえ。 出例 猿人／類人猿／猿知恵
げか	外科：病気やけがを、主に手術などにより治療する医療の一分野。
さいしょう	宰相：総理大臣。古く中国で皇帝を補佐した役職。 出例 主宰
ろてい	露呈：隠していたことがさらけ出されること。 出例 進呈／贈呈
どろぬま	泥沼：泥の深い沼。解決が難しい悪い状況。 出例 泥／泥臭い
みさき	岬：海や湖に突き出している、地続きの陸地。
かみひとえ	紙一重：一枚の紙の厚さほどのわずかな違い。 出例 八重歯／八重

次の＿＿線の**漢字の読み**を**ひらがな**で答えよ。

☑ **01** 富裕な生活にあこがれる。

☑ **02** 生涯にわたって健康で過ごしたい。

☑ **03** その事はすっかり忘却してしまった。

☑ **04** この小説は心の琴線に触れた。

☑ **05** 浴槽をきれいに掃除する。

☑ **06** 不祥事により罷免された。

☑ **07** 失敗続きで減俸処分を受けた。

☑ **08** 沖をぼんやりと眺める。

☑ **09** 蚕が作った繭から絹糸ができる。

☑ **10** 電柱のそばに蚊柱が立っている。

合格点
7/10

1回目
月　日 / **10**

2回目
月　日 / **10**

頻出度
C

解 答	解 説
ふゆう	富裕：財産が多く生活が豊かなこと。 **出例** 裕福／余裕
しょうがい	生涯：一生の間。死ぬまで。 **出例** 境涯
ぼうきゃく	忘却：忘れ去ること。 **出例** 焼却
きんせん	琴線：琴の糸のことで、心の中にある、共鳴しやすい感情を琴の糸にたとえた語。 **出例** 木琴／琴
よくそう	浴槽：湯舟。バスタブ。 **出例** 水槽
ひめん	罷免：職務をやめさせること。 **出例** 罷業
げんぽう	減俸：給料の金額が減る（減らされる）こと。
ながめる	眺める：遠くを見渡す。 **出例** 眺望
まゆ	繭：蚕などの昆虫が作るまゆ。 **出例** 繭玉
かばしら	蚊柱：蚊が群れになって飛んでいて柱のように見えるもの。 **出例** 蚊

読み

部首

熟語の構成

四字熟語

対義語・類義語

同音・同訓異字

誤字訂正

漢字と送りがな

書き取り

213

次の＿＿線の**漢字の読み**を**ひらがな**で答えよ。

☑ **01** 授業で使用する教科書を貸与された。

☑ **02** 空に下弦の月が出ている。

☑ **03** 古い桟道を撤去する。

☑ **04** 下肢の筋肉が痛む。

☑ **05** 妥当な結論を導き出した。

☑ **06** 未来への深い洞察が込められた作品だ。

☑ **07** 従業員を若干名、採用する。

☑ **08** この部屋も少々手狭になってきた。

☑ **09** 二人の間の心の溝が深まった。

☑ **10** 筋肉を鋼のように鍛え上げる。

解答	解説
たいよ	貸与：金や物を貸し与えること。
かげん	下弦：満月のあとの半月のこと。 出例 管弦／上弦
さんどう	桟道：崖などに沿って、棚のように作られた道。 出例 桟橋
かし	下肢：人の足。脚部。 出例 四肢／選択肢
だとう	妥当：ふさわしいこと。当てはまること。 出例 妥協
どうさつ	洞察：物事を客観的に見つめ、本質や根底にあるものを見抜くこと。 出例 空洞／洞
じゃっかん	若干：わずかな数量。少々。
てぜま	手狭：部屋などの空間が、ある目的に使用するには少し狭いこと。
みぞ	溝：感情の隔たり。小さい水路や細長いくぼみ。 出例 海溝／下水溝
はがね	鋼：刀剣の刃に用いる硬い鉄。

次の___線の**漢字の読み**を**ひらがな**で答えよ。

☑ **01** 肖像画を描いてもらう。

☑ **02** 心臓の疾患のため入院する。

☑ **03** 両者の仲介を買って出る。

☑ **04** 犯人は年齢を詐称していた。

☑ **05** 功績により爵位を授けられた。

☑ **06** 相手の様子を偵察する。

☑ **07** 騒動を起こした大臣を更迭する。

☑ **08** この景色は一見に値する。

☑ **09** 新居の棟上げの日を迎えた。

☑ **10** 強風による被害を被った。

合格点
7/10

1回目
月　日　/**10**

2回目
月　日　/**10**

頻出度
C

解答	解説
しょうぞう	肖像：ある人の顔や姿を写した絵、写真、彫刻などの像。 出例 不肖
しっかん	疾患：病気。 出例 患部／大患
ちゅうかい	仲介：両者の間で仲を取り持つこと。
さしょう	詐称：経歴などをいつわって、人をだますこと。 出例 詐欺
しゃくい	爵位：爵号と位階。貴族階級の称号。
ていさつ	偵察：ひそかに敵の様子を探ること。また、その人。 出例 密偵／内偵
こうてつ	更迭：ある地位・役職にある人を、ほかの人に代えること。
あたい	値：価値・値打ちがある。
むねあげ	棟上げ：家屋建築の際、骨組みに棟木を上げること、またその祝いの式。 出例 病棟
こうむった	被る：恩や害を受ける。

読み

部首

熟語の構成

四字熟語

対義語・類義語

同音・同訓異字

誤字訂正

漢字と送りがな

書き取り

次の___線の**漢字の読み**を**ひらがな**で答えよ。

☑ **01** 古くからの酪農一家に育った。

☑ **02** 元日に婚姻届を出した。

☑ **03** 雑誌の定期購読を申し込んだ。

☑ **04** その映画には囚人が脱獄を企てるシーンがある。

☑ **05** 法律を遵守した運営を行う。

☑ **06** 両親を扶養している。

☑ **07** 祖父は川柳を趣味としている。

☑ **08** 兄は劇団を旗揚げした。

☑ **09** 温泉に漬かってのんびりする。

☑ **10** 人間関係に気を病む。

解答 / 解説

解 答	解 説
らくのう	酪農：牛や羊などを飼い、その乳や乳製品などを作る農業。
こんいん	婚姻：結婚して夫婦になること。
こうどく	購読：新聞、雑誌、書籍などを買って読むこと。 **出例** 購買
しゅうじん	囚人：刑務所などに収容されている受刑者や被疑者など。 **出例** 幽囚
じゅんしゅ	遵守：法律や規則を、道徳などに従って守ること。
ふよう	扶養：世話をすること、助けてやしなうこと。 **出例** 扶助
せんりゅう	川柳：五・七・五を基本とする無季の短詩。 **出例** 柳
はたあげ	旗揚げ：組織などを新しく作ること。戦いを起こすこと。
つかって	漬かる：液体の中にひたる。漬物などがよい味になる。 **出例** 漬ける
やむ	病む：心を悩ます。病気になる。

読み / 部首 / 熟語の構成 / 四字熟語 / 対義語・類義語 / 同音・同訓異字 / 誤字訂正 / 漢字と送りがな / 書き取り

219

次の＿＿線の**漢字の読み**を**ひらがな**で答えよ。

☐ **01** 変死体を解剖する。

☐ **02** 潤色を排し事実を報道する。

☐ **03** 人助けを行い表彰された。

☐ **04** 文明の発祥の地を調べる。

☐ **05** 義理の両親から厚遇を受ける。

☐ **06** 悪事の実行を教唆する。

☐ **07** 定額の報酬が月に一度支払われた。

☐ **08** 暁の空に金星が輝いている。

☐ **09** 朝顔の茎が垣にからみついた。

☐ **10** 寒くて唇が紫色になっている。

解答 / 解説

解答	解説
かいぼう	解剖：生物の死体を切り開いて調べること。
じゅんしょく	潤色：事実を誇張したりしておもしろくすること。色をつけて光沢を加えること。
ひょうしょう	表彰：功績や善行などを公にして褒めたたえること。
はっしょう	発祥：めでたい事柄や様子が現れること。物事が起こり、現れること。 出例 不祥事
こうぐう	厚遇：手厚くもてなすこと。歓迎すること。
きょうさ	教唆：そそのかして何か（悪事など）をするようにけしかけること。
ほうしゅう	報酬：労働や使用料として払われるお金や物品など。 出例 応酬
あかつき	暁：夜が明けるころ。明け方。目指すことが実現したとき。
くき	茎：草の地上に長く伸びている部分。 出例 歯茎
くちびる	唇：口の縁の、赤みを帯びた柔らかい部分。

読み / 部首 / 熟語の構成 / 四字熟語 / 対義語・類義語 / 同音・同訓異字 / 誤字訂正 / 漢字と送りがな / 書き取り

次の___線の**漢字の読み**を**ひらがな**で答えよ。

☑ **01** 韻律の美しい漢詩を好む。

☑ **02** 平和条約を批准する。

☑ **03** 自ら進んで実践する。

☑ **04** 敵は恭順の意を示した。

☑ **05** 有識者に意見を諮る。

☑ **06** 入念に化粧をする。

☑ **07** 時間をかけて信頼関係を醸成する。

☑ **08** 水槽に藻を植える。

☑ **09** 何度も法を犯している。

☑ **10** 記憶の糸を手繰り寄せる。

合格点
7/10

1回目
月　日　/10

2回目
月　日　/10

頻出度
C

読み

部首

熟語の構成

四字熟語

対義語・類義語

同音・同訓異字

誤字訂正

漢字と送りがな

書き取り

解答	解説
いんりつ	韻律：詩などの韻文における音声上の形式。 **出例** 余韻
ひじゅん	批准：調印して内容が定まった条約を、国家として承認すること。 **出例** 准教授
じっせん	実践：実際に行うこと。
きょうじゅん	恭順：つつしんで命令に従う態度をとること。
ゆうしき	有識：学問があり、見識が高いこと。
けしょう	化粧：口紅やおしろいなどをつけて、顔をより美しく見せること。「粧」は「よそおう」の意。
じょうせい	醸成：原料を発酵させて酒などを作ること。ある状態などを徐々に作り出すこと。 **出例** 醸造
も	藻：水中に生息する植物の総称。 **出例** 海藻
おかして	犯す：法律や規則などに違反する。けがす。
たぐり	手繰る：両手を交互に使って手元に近づける。

次の＿＿線の**漢字の読み**を**ひらがな**で答えよ。

☑ **01** 与えられた任務を<u>完遂</u>する。

☑ **02** <u>賃貸</u>住宅に住む。

☑ **03** 過去の苦い経験が<u>脳裏</u>に残っている。

☑ **04** <u>公僕</u>としての使命を全うする。

☑ **05** 出発まで一刻の<u>猶予</u>もない。

☑ **06** 天皇の私的な空間を<u>内裏</u>と呼ぶ。

☑ **07** 父は<u>書斎</u>で原稿を書いている。

☑ **08** 案件を役員会に<u>諮</u>る。

☑ **09** <u>隅々</u>にまで目を光らせる。

☑ **10** <u>霜</u>による農作物の被害が深刻だ。

解 答	解 説
かんすい	完遂：完全に成し遂げること、最後までやり遂げること。
ちんたい	賃貸：貸し賃を取って物や住居などを貸すこと。
のうり	脳裏：頭の中。心の中。
こうぼく	公僕：公衆に奉仕する人。公務員。
ゆうよ	猶予：決められた日時を先に延ばすこと。
だいり	内裏：大内裏の中の天皇の住む御殿。 出例 暗々裏
しょさい	書斎：読書や執筆などをするための部屋。 出例 斎場
はかる	諮る：ほかの人や学識経験者などの意見を聞く。
すみずみ	隅々：すべての隅。すべての方面。
しも	霜：空気中の水分が冷えて凍ったもの。 出例 初霜

読み / 部首 / 熟語の構成 / 四字熟語 / 対義語・類義語 / 同音・同訓異字 / 誤字訂正 / 漢字と送りがな / 書き取り

次の＿＿線の**漢字の読み**を**ひらがな**で答えよ。

☑ **01** けんかの仲裁を頼まれる。

☑ **02** 完膚なきまでの敗戦を喫した。

☑ **03** 厄介な問題に巻き込まれた。

☑ **04** 実力を遺憾なく発揮した。

☑ **05** 夏休みを山荘で過ごす。

☑ **06** このスープは味が濃厚だ。

☑ **07** 恩師からの手紙を披見する。

☑ **08** 麻でできた帽子を被る。

☑ **09** 己の心に問い直しなさい。

☑ **10** 氏神様をまつった神社にお参りする。

解答	解説
ちゅうさい	仲裁：争いの間に入り、和解させること。
かんぷ	完膚：傷がないこと。「完膚なきまでに」は「徹底的に」の意味。
やっかい	厄介：わずらわしく面倒なこと。面倒をみること、世話になること。 出例 厄日／厄年
いかん	遺憾：「遺憾なく」は「十分に・心残りなく」の意。
さんそう	山荘：山の中にある別荘。 出例 別荘／荘重
のうこう	濃厚：味や色などが濃いこと。様子が強く感じられること。
ひけん	披見：手紙や書面などを開いて見ること。 出例 披露
あさ	麻：ひもや布の原料となる草の一種。 出例 麻酔／麻薬
おのれ	己：自分自身。 出例 知己
うじがみ	氏神：その土地の人々を守る、神としてまつられた氏族の先祖。氏族にゆかりのある神。

読み・部首・熟語の構成・四字熟語・対義語 類義語・同音 同訓異字・誤字訂正・漢字と送りがな・書き取り

次の＿＿線の**漢字の読み**を**ひらがな**で答えよ。

☑ **01** 干渉されるのを嫌う。

☑ **02** ガスの元栓を閉める。

☑ **03** 近隣の家にも延焼した。

☑ **04** 誘拐事件が無事解決した。

☑ **05** 仲間の殉職の知らせに皆が悲しんだ。

☑ **06** 富豪とはいえ、生活は庶民的だ。

☑ **07** この地は古くから交通の要衝とされた。

☑ **08** この風景は郷土の誉れだ。

☑ **09** 友人との語らいは名残が尽きない。

☑ **10** 家族で相撲を観戦する。

解 答	解 説
かんしょう	干渉：他人のことに立ち入って自分の思うように従わせようとすること。他国の内政や外交に介入すること。**出例** 交渉／渉外
せん	栓：管や瓶などの口をふさぐもの。水道管などの開閉装置。**出例** 耳栓／消火栓
えんしょう	延焼：出火元から他の場所に火が燃え広がること。
ゆうかい	誘拐：他人をだまして誘い出し、連れ去ること。
じゅんしょく	殉職：職務を全うしようとして命を失うこと。**出例** 殉教
しょみん	庶民：世間一般の人々。
ようしょう	要衝：軍事や交通などの面で重要な地点。
ほまれ	誉れ：評判が良いこと。名誉。
なごり	名残：何かが過ぎ去ったり終わったりした後に残る、余情やしるし。
すもう	相撲：土俵上で二人の力士が勝負する格闘技。

右側縦：読み／部首／熟語の構成／四字熟語／対義語・類義語／同音・同訓異字／誤字訂正／漢字と送りがな／書き取り

読み⑪

次の＿＿＿線の**漢字の読み**を**ひらがな**で答えよ。

☐ **01** 作物の生育のため、<u>土壌</u>を改良する。

☐ **02** 二人の間には<u>貸借</u>関係があった。

☐ **03** <u>拾得</u>物を警察に届ける。

☐ **04** 電車で<u>妊婦</u>に席を譲る。

☐ **05** <u>亜流</u>とはいえ、良い作品だと思う。

☐ **06** 野生動物の<u>威嚇</u>行動は様々だ。

☐ **07** <u>緩衝</u>材を入れて発送する。

☐ **08** 自らの過ちを<u>悔</u>い改める。

☐ **09** <u>傷</u>んだリンゴを一箇所に集める。

☐ **10** 兄は<u>生</u>まじめな性格だ。

合格点
7/10

1回目
月 日 /**10**

2回目
月 日 /**10**

頻出度
C

解 答	解 説
どじょう	土壌：地殻の最上部の岩石の風化物が分解変化したもの。作物を育てるつち。ものが生まれるような環境や条件。
たいしゃく	貸借：貸すことと借りること。
しゅうとく	拾得：落とし物を拾うこと。 出例 不得手／得手
にんぷ	妊婦：妊娠している女性。 出例 妊娠
ありゅう	亜流：学問や芸術などで、同じ流派に属する人。第一流の人に従ってまねるだけで、独創性のない人。
いかく	威嚇：威力などでおどすこと。相手をこわがらせること。
かんしょう	緩衝：二つの物の間に生じる衝突や衝撃をやわらげること。やわらげる物。
くい	悔いる：自分の行った行動に対し、後になって間違いに気づき反省すること。 出例 悔い
いたんだ	傷む：傷つく。だめになる。腐敗する。
きまじめ	生まじめ：非常にまじめなこと。融通がきかないこと。 出例 生糸

読み

部首

熟語の構成

四字熟語

対義語・類義語

同音・同訓異字

誤字訂正

漢字と送りがな

書き取り

231

次の漢字の**部首**を答えよ。

☑ **01** 版

☑ **02** 鶏

☑ **03** 麗

☑ **04** 丹

☑ **05** 卵

☑ **06** 壱

☑ **07** 更

☑ **08** 疑

☑ **09** 邸

☑ **10** 舌

☑ **11** 艇

☑ **12** 雾

☑ **13** 伐

☑ **14** 堪

☑ **15** 礁

合格点 **11**/15 ：1回目 月 日 /**15** ：2回目 月 日 /**15**

解答	解説
片	かたへん
鳥	とり **出例** 鳥もよく出題される
鹿	しか
丶	てん
卩	わりふ ふしづくり **出例** 却もよく出題される
士	さむらい **出例** 売もよく出題される
曰	ひらび いわく **出例** 曹もよく出題される
疋	ひき
阝	おおざと
舌	した
舟	ふねへん **出例** 般/艦もよく出題される
雨	あめかんむり **出例** 霜もよく出題される
亻	にんべん **出例** 傑/便/僕もよく出題される
土	つちへん
石	いしへん **出例** 砕もよく出題される

読み

部首

熟語の構成

四字熟語

対義語・類義語

同音・同訓異字

誤字訂正

漢字と送りがな

書き取り

次の漢字の**部首**を答えよ。

☑ **01** 秀

☑ **02** 豪

☑ **03** 乏

☑ **04** 豆

☑ **05** 駄

☑ **06** 矛

☑ **07** 夢

☑ **08** 斗

☑ **09** 膨

☑ **10** 武

☑ **11** 首

☑ **12** 朴

☑ **13** 了

☑ **14** 賜

☑ **15** 赤

解 答	解 説
禾	のぎ
豕	ぶた いのこ
ノ	の はらいぼう **出例** 久／乗もよく出題される
豆	まめ
馬	うまへん
矛	ほこ
夕	た ゆうべ **出例** 夜もよく出題される
斗	とます
月	にくづき **出例** 肢もよく出題される
止	とめる **出例** 歴もよく出題される
首	くび
木	きへん
亅	はねぼう
貝	かいへん **出例** 賄もよく出題される
赤	あか **出例** 赦もよく出題される

読み

部首

熟語の構成

四字熟語

対義語・類義語

同音・同訓異字

誤字訂正

漢字と送りがな

書き取り

熟語の構成のしかたには右の□のようなものがある。次の熟語は□の**ア〜オ**のどれにあたるか、**一つ選び記号**を答えよ。

☑ **01** 不 祥

☑ **02** 虚 実

☑ **03** 尚 早

☑ **04** 憂 愁

☑ **05** 懲 悪

☑ **06** 愉 悦

☑ **07** 不 惑

☑ **08** 廃 刊

☑ **09** 任 免

☑ **10** 媒 体

ア 同じような意味の漢字を重ねたもの
（例＝**善良**）

イ 反対または対応の意味を表す字を重ねたもの
（例＝**細大**）

ウ 前の字が後ろの字を修飾しているもの
（例＝**美談**）

エ 後ろの字が前の字の目的語・補語になっているもの
（例＝**点火**）

オ 前の字が後ろの字の意味を打ち消しているもの
（例＝**不当**）

解答　　　　　　解説

オ（打消） 不祥（ふしょう）　不（否定）× ←打消 祥（さいわい）

イ（反対） 虚実（きょじつ）　虚（中身がない）← 反 → 実（中身がある）

ウ（修飾） 尚早（しょうそう）　尚（依然として）修 → 早（い）

ア（同じ） 憂愁（ゆうしゅう）　憂 =同= 愁　どちらも「うれう」の意。

エ（目・補） 懲悪（ちょうあく）　懲（らしめる）←目・補 悪（を）

ア（同じ） 愉悦（ゆえつ）　愉 =同= 悦　どちらも「よろこび」の意。

オ（打消） 不惑（ふわく）　不（否定）× ←打消 惑（う）

エ（目・補） 廃刊（はいかん）　廃（止する）←目・補 刊（行を）

イ（反対） 任免（にんめん）　任（役目につける）← 反 → 免（役目をやめさせる）

ウ（修飾） 媒体（ばいたい）　媒（介となる）修 →（物）体

237

熟語の構成②

熟語の構成のしかたには右の□のようなものがある。次の熟語は□のア～オのどれにあたるか、一つ選び記号を答えよ。

☑ **01** 無 為

☑ **02** 頻 発

☑ **03** 防 疫

☑ **04** 逸 脱

☑ **05** 享 受

☑ **06** 未 到

☑ **07** 剛 柔

☑ **08** 出 没

☑ **09** 淑 女

☑ **10** 徹 夜

ア 同じような意味の漢字を重ねたもの
（例＝**善良**）

イ 反対または対応の意味を表す字を重ねたもの
（例＝**細大**）

ウ 前の字が後ろの字を修飾しているもの
（例＝**美談**）

エ 後ろの字が前の字の目的語・補語になっているもの
（例＝**点火**）

オ 前の字が後ろの字の意味を打ち消しているもの
（例＝**不当**）

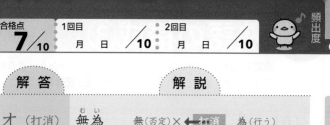

解答	解説	
オ（打消）	無為（むい）	無（否定）×←打消 為（行う）
ウ（修飾）	頻発（ひんぱつ）	頻（たびたび）修→発（する）
エ（目・補）	防疫（ぼうえき）	防（ぐ）←目・補 疫（病を）
ア（同じ）	逸脱（いつだつ）	逸 同 脱　どちらも「それる・ぬけだす」の意。
ア（同じ）	享受（きょうじゅ）	享 同 受　どちらも「うけいれる」の意。
オ（打消）	未到（みとう）	未（否定）×←打消 到（達する）
イ（反対）	剛柔（ごうじゅう）	剛（かたい）←反→柔（らかい）
イ（反対）	出没（しゅつぼつ）	出（現れる）←反→没（見えなくなる）
ウ（修飾）	淑女（しゅくじょ）	淑（おしとやかな）修→女（性）
エ（目・補）	徹夜（てつや）	徹（する）←目・補 夜（を）

読み　部首　熟語の構成　四字熟語　対義語・類義語　同音・同訓異字　誤字訂正　漢字と送りがな　書き取り

239

熟語の構成のしかたには右の□のようなものがある。次の熟語は□の**ア~オ**のどれにあたるか、**一つ選び記号**を答えよ。

☑ **01** 造幣

☑ **02** 逓増

☑ **03** 無窮

☑ **04** 撤兵

☑ **05** 未来

☑ **06** 分析

☑ **07** 添削

☑ **08** 勧奨

☑ **09** 点滅

☑ **10** 酷使

ア 同じような意味の漢字を重ねたもの（例=**善良**）

イ 反対または対応の意味を表す字を重ねたもの（例=**細大**）

ウ 前の字が後ろの字を修飾しているもの（例=**美談**）

エ 後ろの字が前の字の目的語・補語になっているもの（例=**点火**）

オ 前の字が後ろの字の意味を打ち消しているもの（例=**不当**）

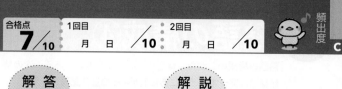

解答		解説

エ（目・補）　造幣　ぞうへい
造(る) ←目・補 幣(貨幣を)

ウ（修飾）　逓増　ていぞう
逓(だんだんと) 修→ 増(える)

オ（打消）　無窮　むきゅう
無(否定)×←打消 窮(おわり)

エ（目・補）　撤兵　てっぺい
撤(退させる) ←目・補 兵(隊を)

オ（打消）　未来　みらい
未(否定)×←打消 来(る)

ア（同じ）　分析　ぶんせき
分 =同= 析
どちらも「解く・わかる」の意。

イ（反対）　添削　てんさく
添(える) ← 反 → 削(る)

ア（同じ）　勧奨　かんしょう
勧 =同= 奨
どちらも「すすめる」の意。

イ（反対）　点滅　てんめつ
点(つく) ← 反 → 滅(きえる)

ウ（修飾）　酷使　こくし
酷(く) 修→ 使(う)

読み　部首　熟語の構成　四字熟語　対義語・類義語　同音・同訓異字　誤字訂正　漢字と送りがな　書き取り

241

熟語の構成のしかたには右の□のようなものがある。次の熟語は□の**ア〜オ**のどれにあたるか、**一つ選び記号**を答えよ。

☑ **01** 充満

☑ **02** 公邸

☑ **03** 渉外

☑ **04** 酷似

☑ **05** 屈伸

☑ **06** 懐古

☑ **07** 起伏

☑ **08** 不審

☑ **09** 研磨

☑ **10** 不朽

ア 同じような意味の漢字を重ねたもの
（例＝**善良**）

イ 反対または対応の意味を表す字を重ねたもの
（例＝**細大**）

ウ 前の字が後ろの字を修飾しているもの
（例＝**美談**）

エ 後ろの字が前の字の目的語・補語になっているもの
（例＝**点火**）

オ 前の字が後ろの字の意味を打ち消しているもの
（例＝**不当**）

解 答	解 説
ア（同じ）充満 _{じゅうまん}	充 ■同■ 満 どちらも「みちる」の意。
ウ（修飾）公邸 _{こうてい}	公（おおやけ） 修→ 邸（やしき）
エ（目・補）渉外 _{しょうがい}	渉（交渉する）←目・補 外（と）
ウ（修飾）酷似 _{こくじ}	酷（とても） 修→似（ている）
イ（反対）屈伸 _{くっしん}	屈（まげる）← 反 →伸（ばす）
エ（目・補）懐古 _{かいこ}	懐（かしむ）←目・補 古（昔のことを）
イ（反対）起伏 _{きふく}	起（高くなる）← 反 →伏（ふせる）
オ（打消）不審 _{ふしん}	不（否定）×←打消 審（あきらか）
ア（同じ）研磨 _{けんま}	研 ■同■ 磨 どちらも「みがく」の意。
オ（打消）不朽 _{ふきゅう}	不（否定）×←打消 朽（ちる） いつまでもくちないこと。後世まで長く残ること。

読み

部首

熟語の構成

四字熟語

対義語・類義語

同音・同訓異字

誤字訂正

漢字と送りがな

書き取り

243

四字熟語①

右上の□内のひらがなを**漢字**にして□にいれ、**四字熟語**を完成せよ。□内のひらがなは一度だけ使い、□に**一字**いれよ。また、**01〜10**の**意味**にあてはまるものを**11〜15**から**一つ**選び（ ）に**数字**でいれよ（該当しないものは空欄のままでよい）。

☑ **01** 好機□来（ ）

☑ **02** 意志□弱（ ）

☑ **03** 気□壮大（ ）

☑ **04** 鶏口□後（ ）

☑ **05** 深山幽□（ ）

☑ **06** 公序良□（ ）

☑ **07** 表□一体（ ）

☑ **08** □励努力（ ）

☑ **09** □中模索（ ）

☑ **10** 換□奪胎（ ）

あん	う
ぎゅう	こく
こつ	ぞく
とう	はく
ふん	り

11 相反するように見えながら、密接に関係しているさま。

12 手がかりがない中で捜し求めるさま。

13 気持ちをふるい立たせて努めること。

14 はっきりとした自分の考えを持たないさま。

15 心の持ち方や度量が大きくりっぱなさま。

解答	解説
こう き とう らい **好機到来** ( )	絶好の機会が来ること。 類義語 時機到来／時節到来
い し はくじゃく **意志薄弱** (14)	意志が弱いさま。はっきりとした自分の考えを持たないさま。
き う そうだい **気宇壮大** (15)	心の持ち方や度量が大きくりっぱなさま。 出例 「壮」も問われる
けいこうぎゅうご **鶏口牛後** ( )	大集団で下位にいるより、小集団のトップに立ったほうが良いということ。 出例 「鶏／後」も問われる
しんざんゆうこく **深山幽谷** ( )	人が足を踏み入れていない奥深い山と静かな谷のこと。 出例 「幽」も問われる
こうじょりょうぞく **公序良俗** ( )	公共的秩序や善良な風俗。
ひょうりいったい **表裏一体** (11)	相反するように見えながら、密接に関係しているさま。
ふんれいどりょく **奮励努力** (13)	気持ちをふるい立たせて努めること。
あんちゅうもさく **暗中模索** (12)	手がかりがない中で捜し求めるさま。 出例 「模／索」も問われる
かんこつだったい **換骨奪胎** ( )	古人、先人などの文や論の一部を変えて、自分の作のように見せかけること。

右側欄: 読み／部首／熟語の構成／四字熟語／対義語・類義語／同音・同訓異字／誤字訂正／漢字と送りがな／書き取り

四字熟語完成で10点配点、意味で5点配点　　　245

右上の□内のひらがなを**漢字**にして□にいれ、**四字熟語**を完成せよ。□内のひらがなは一度だけ使い、□に**一字**いれよ。また、**01〜10の意味**にあてはまるものを**11〜15**から**一つ**選び（ ）に**数字**でいれよ（該当しないものは空欄のままでよい）。

☑ **01** □志弱行 （ ）

☑ **02** 勇□果敢 （ ）

☑ **03** 安寧秩□ （ ）

☑ **04** 気炎万□ （ ）

☑ **05** 思□分別 （ ）

☑ **06** 泰然自□ （ ）

☑ **07** 言行一□ （ ）

☑ **08** □非善悪 （ ）

☑ **09** 迷□千万 （ ）

☑ **10** 異□邪説 （ ）

じゃく	じょ
じょう	ぜ
たん	ち
はく	もう
りょ	わく

11 力強く、決断力のあるさま。

12 正統からはずれた意見や立場。

13 意気がきわめて盛んなさま。

14 物事の道理をわきまえ、深く考えて判断を下すこと。

15 落ち着いていて物事に動じないさま。

解答	解説

薄志弱行 ( )　意志が弱く、実行力に乏しいこと。

勇猛果敢 (11)　勇ましく力強く、決断力のあるさま。
　　　　　　　出例 「敢」も問われる

安寧秩序 ( )　国や社会が平和に落ち着いていること。
　　　　　　　出例 「寧／秩」も問われる

気炎万丈 (13)　意気がきわめて盛んなさま。

思慮分別 (14)　物事の道理をわきまえ、深く考えて判断を下すこと。

泰然自若 (15)　落ち着いていて物事に動じないさま。
　　　　　　　出例 「泰」も問われる
　　　　　　　類義語 意気自如

言行一致 ( )　言うことと行動が一致していること。
　　　　　　　類義語 形名参同／形名審合

是非善悪 ( )　物事のよしあし。

迷惑千万 ( )　はなはだしく迷惑なこと。
　　　　　　　類義語 迷惑至極

異端邪説 (12)　正統からはずれた意見や立場。
　　　　　　　出例 「邪」も問われる

四字熟語完成で10点配点、意味で5点配点

右上の□内のひらがなを漢字にして□にいれ、**四字熟語**を完成せよ。□内のひらがなは一度だけ使い、□に**一字**いれよ。また、**01**～**10**の意味にあてはまるものを**11**～**15**から**一つ**選び（　）に**数字**でいれよ（該当しないものは空欄のままでよい）。

☑ **01** 遺憾千□（　）

☑ **02** 延命□災（　）

☑ **03** 軽□妄動（　）

☑ **04** □苦勉励（　）

☑ **05** 首□一貫（　）

☑ **06** 悪戦苦□（　）

☑ **07** 前□有望（　）

☑ **08** 眺□絶佳（　）

☑ **09** 南□北馬（　）

☑ **10** 有□転変（　）

い	きょ
こっ	せん
そく	と
とう	ばん
び	ぼう

11 非常に苦労して、仕事や勉学などにはげむこと。

12 すべての物事は変わりやすいこと。

13 分別なく軽はずみに行動すること。

14 将来に望みのあること。

15 絶えずあちこちに旅行すること。

解答	解説
遺憾千万（ ） いかんせんばん	思うようにならず、この上なく残念なさま。 **出例**「憾」も問われる
延命息災（ ） えんめいそくさい	命をのばして災いを取り去る。「息災」は災いをとめる。「息」はやむ、終わらせるの意。
軽挙妄動 (13) けいきょもうどう	分別なく軽はずみに行動すること。
刻苦勉励 (11) こっくべんれい	非常に苦労して、仕事や勉学などにはげむこと。 **出例**「励」も問われる
首尾一貫（ ） しゅびいっかん	始めから終わりまで一つの方針や態度を貫き通すこと。始めと終わりで矛盾しないさま。
悪戦苦闘（ ） あくせんくとう	困難な状況で、苦しみながら努力すること。
前途有望 (14) ぜんとゆうぼう	将来に望みのあること。見込みがあること。
眺望絶佳（ ） ちょうぼうぜっか	見晴らしが非常にすばらしいこと **出例**「眺」も問われる
南船北馬 (15) なんせんほくば	（南は船で、北は馬で）絶えずあちこちに旅行すること。
有為転変 (12) ういてんぺん	すべての物事は変わりやすいこと。 **類義語** 諸行無常／万物流転

読み　部首　熟語の構成　四字熟語　対義語・類義語　同音・同訓異字　誤字訂正　漢字と送りがな　書き取り

四字熟語完成で10点配点、意味で5点配点　　249

右上の□内のひらがなを**漢字**にして□にいれ、**四字熟語**を完成せよ。□内のひらがなは一度だけ使い、□に**一字**いれよ。また、**01〜10の意味**にあてはまるものを11〜15から**一つ選び**（ ）に**数字**でいれよ（該当しないものは空欄のままでよい）。

□ **01** 容姿□麗（ ）

□ **02** 一汁一□（ ）

□ **03** 金城鉄□（ ）

□ **04** □行無常（ ）

□ **05** 前□多難（ ）

□ **06** □合集散（ ）

□ **07** 疑心暗□（ ）

□ **08** 本末転□（ ）

□ **09** 森羅□象（ ）

□ **10** 不□不滅（ ）

き	きゅう
さい	しょ
たん	と
とう	ばん
ぺき	り

11 非常に守りが堅く、つけ込むすきがないこと。

12 先行きに困難が多く待ち構えていること。

13 姿が整って美しいこと。

14 優れていていつまでも残ること。

15 宇宙にあるすべての存在。

解答	解説
容姿端麗 (13)	姿が整って美しいこと。 出例「麗」も問われる
一汁一菜 ( )	非常に粗末な食事のたとえ。「菜」は「おかず」の意。 出例「汁」も問われる
金城鉄壁 (11)	非常に守りが堅く、つけ込むすきがないこと。
諸行無常 ( )	「この世のすべてははかないもの」という仏教の教え。 類義語 有為転変／万物流転
前途多難 (12)	先行きに困難が多く待ち構えていること。
離合集散 ( )	人々が集まったり離れたりすること。協力しあったり、反目したりすること。
疑心暗鬼 ( )	疑いの心を持っていると、なんでもないことにも恐怖や疑念を抱いてしまうさま。
本末転倒 ( )	物事の大事なこととそうでないことを取り違えること。
森羅万象 (15)	宇宙にあるすべての存在。 出例「羅／象」も問われる
不朽不滅 (14)	優れていていつまでも残ること。

読み／部首／熟語の構成／四字熟語／対義語・類義語／同音・同訓異字／誤字訂正／漢字と送りがな／書き取り

右上の□内のひらがなを**漢字**にして□にいれ、**四字熟語**を完成せよ。□内のひらがなは一度だけ使い、□に**一字**いれよ。また、**01～10の意味**にあてはまるものを11～15から**一つ**選び( )に**数字**でいれよ（該当しないものは空欄のままでよい）。

□ **01** □楽浄土 ( )

□ **02** 金□湯池 ( )

□ **03** 人□未踏 ( )

□ **04** 晴□雨読 ( )

□ **05** 馬耳□風 ( )

□ **06** 付和□同 ( )

□ **07** 無□徒食 ( )

□ **08** 無味□燥 ( )

□ **09** 優□不断 ( )

□ **10** □非曲直 ( )

い	かん
こう	ごく
じゅう	じょう
ぜ	せき
とう	らい

11 いまだかつて、人が足をふみ入れたことのないこと。

12 意志の力が弱く、忍耐や決断ができないこと。

13 内容がなく、味わいもおもしろみもないこと。

14 守りの堅固な城と堀。

15 他人の説や判断に軽々しく同調すること。

解答	解説
<ruby>極<rt>ごく</rt></ruby><ruby>楽<rt>らく</rt></ruby><ruby>浄<rt>じょう</rt></ruby><ruby>土<rt>ど</rt></ruby> ( )	仏教で<ruby>阿<rt>あ</rt></ruby><ruby>弥<rt>み</rt></ruby><ruby>陀<rt>だ</rt></ruby>仏がいる西方浄土のこと。 **出例**「浄」も問われる
<ruby>金<rt>きん</rt></ruby><ruby>城<rt>じょう</rt></ruby><ruby>湯<rt>とう</rt></ruby><ruby>池<rt>ち</rt></ruby> (14)	守りの堅固な城と堀。「湯池」は熱湯をたたえた堀の意。転じて、攻めるのが難しいほどに守りが固いこと。
<ruby>人<rt>じん</rt></ruby><ruby>跡<rt>せき</rt></ruby><ruby>未<rt>み</rt></ruby><ruby>踏<rt>とう</rt></ruby> (11)	いまだかつて、人が足をふみ入れたことのないこと。
<ruby>晴<rt>せい</rt></ruby><ruby>耕<rt>こう</rt></ruby><ruby>雨<rt>う</rt></ruby><ruby>読<rt>どく</rt></ruby> ( )	晴れた日は田畑を耕し、雨が降れば家にこもって読書し、気の向くままに生活すること。
<ruby>馬<rt>ば</rt></ruby><ruby>耳<rt>じ</rt></ruby><ruby>東<rt>とう</rt></ruby><ruby>風<rt>ふう</rt></ruby> ( )	他人からの意見や批判に無関心で、注意を払わないこと。「東風」は心地よい春風。
<ruby>付<rt>ふ</rt></ruby><ruby>和<rt>わ</rt></ruby><ruby>雷<rt>らい</rt></ruby><ruby>同<rt>どう</rt></ruby> (15)	自分なりの確固とした考えを持たず、他人の説や判断に軽々しく同調すること。
<ruby>無<rt>む</rt></ruby><ruby>為<rt>い</rt></ruby><ruby>徒<rt>と</rt></ruby><ruby>食<rt>しょく</rt></ruby> ( )	なんの仕事もせず遊び暮らすこと。「無為」は何もしない、「徒食」は働かない。
<ruby>無<rt>む</rt></ruby><ruby>味<rt>み</rt></ruby><ruby>乾<rt>かん</rt></ruby><ruby>燥<rt>そう</rt></ruby> (13)	内容がなく、味わいもおもしろみもないこと。 **出例**「燥」も問われる
<ruby>優<rt>ゆう</rt></ruby><ruby>柔<rt>じゅう</rt></ruby><ruby>不<rt>ふ</rt></ruby><ruby>断<rt>だん</rt></ruby> (12)	意志の力が弱く、忍耐や決断ができないこと。
<ruby>是<rt>ぜ</rt></ruby><ruby>非<rt>ひ</rt></ruby><ruby>曲<rt>きょく</rt></ruby><ruby>直<rt>ちょく</rt></ruby> ( )	物事のよしあし。

四字熟語完成で10点配点、意味で5点配点

対義語・類義語①

次の01〜05の**対義語**、06〜10の**類義語**を右の□の中から選び、**漢字**で答えよ。□の中の語は一度だけ使うこと。

対義語

☑ 01 繁忙 ↔ □□

☑ 02 売却 ↔ □□

☑ 03 軽侮 ↔ □□

☑ 04 絶滅 ↔ □□

☑ 05 購買 ↔ □□

類義語

☑ 06 互角 ＝ □□

☑ 07 削除 ＝ □□

☑ 08 頑健 ＝ □□

☑ 09 懇意 ＝ □□

☑ 10 無窮 ＝ □□

えいえん
かんさん
こうにゅう
じょうぶ
しんみつ
すうはい
はくちゅう
はんしょく
はんばい
まっしょう

解答	解説

かんさん 閑散	繁忙：仕事や用事が多く忙しいこと。 閑散：ひっそりしていること。暇なこと。
こうにゅう 購入	売却：うり払うこと。 購入：買い入れること。
すうはい 崇拝	軽侮：相手を侮ること。 崇拝：あがめること。信仰すること。
はんしょく 繁殖	絶滅：生物の種などが絶えること。 繁殖：動物・植物が生まれ増えること。
はんばい 販売	購買：商品を買うこと。 販売：商品をうること。 出例 販売 ↔ 購入
はくちゅう 伯仲	互角：互いに優れており甲乙つけがたいこと。 伯仲：互いの力量に差がないこと。
まっしょう 抹消	削除：取り除くこと。 抹消：けして除くこと。
じょうぶ 丈夫	頑健：壊れたり調子を崩したりしにくいさま。 丈夫：壊れたり調子を崩したりしにくいさま。
しんみつ 親密	懇意：きわめてしたしい間柄。 親密：したしくつきあうこと。
えいえん 永遠	無窮：果てしないこと。 永遠：限りなく続くこと。 出例 永遠 ＝ 悠久

右側縦書き：読み　部首　熟語の構成　四字熟語　対義語・類義語　同音・同訓異字　誤字訂正　漢字と送りがな　書き取り

対義語・類義語②

次の**01〜05**の**対義語**、**06〜10**の**類義語**を右の□の中から選び、**漢字**で答えよ。□の中の語は一度だけ使うこと。

対義語

☑ **01** 総合 ↔ □□

☑ **02** 融合 ↔ □□

☑ **03** 撤去 ↔ □□

☑ **04** 軽侮 ↔ □□

☑ **05** 諮問 ↔ □□

類義語

☑ **06** 罷免 = □□

☑ **07** 快癒 = □□

☑ **08** 欠陥 = □□

☑ **09** 炎熱 = □□

☑ **10** 交渉 = □□

かいにん

せっち

ぜんち

そんけい

だんぱん

とうしん

なんてん

ぶんせき

ぶんれつ

もうしょ

解答 / 解説

分析（ぶんせき）
総合：二つ以上のものを合わせて一つにすること。
分析：物事の構成などを明らかにすること。解明すること。

分裂（ぶんれつ）
融合：とけあって一つのものになること。
分裂：一つになっている物をわけること。
出例　分裂 ↔ 統合

設置（せっち）
撤去：機材や設備などを取り払うこと。
設置：機材や施設などを作り置くこと。

尊敬（そんけい）
軽侮：相手を侮ること。
尊敬：相手を認めてうやまうこと。

答申（とうしん）
諮問：専門家などに意見を求めること。
答申：上部からの問いに答えること。

解任（かいにん）
罷免：役職を辞めさせること。
解任：任務をとくこと。やめさせること。

全治（ぜんち）
快癒：病気や傷が完全になおること。
全治：病気や傷が治療が不要になるまでなおること。

難点（なんてん）
欠陥：欠けている点。欠点。
難点：非難すべき点。欠点。

猛暑（もうしょ）
炎熱：燃える火の暑さ。夏の厳しい暑さ。
猛暑：著しい暑さ。

談判（だんぱん）
交渉：相手と話し合うこと、かけあうこと。
談判：相手と交渉すること。話しあうこと。

対義語・類義語③

次の**01～05**の**対義語**、**06～10**の**類義語**を右の□の中から選び、**漢字**で答えよ。□の中の語は一度だけ使うこと。

対義語

☑ **01** 恥辱 ↔ □□

☑ **02** 供述 ↔ □□

☑ **03** 記憶 ↔ □□

☑ **04** 凝縮 ↔ □□

☑ **05** 漆黒 ↔ □□

類義語

☑ **06** 留意 = □□

☑ **07** 無視 = □□

☑ **08** 手本 = □□

☑ **09** 哀訴 = □□

☑ **10** 冷酷 = □□

かくさん

じゅんぱく

たんがん

はいりょ

はくじょう

ぼうきゃく

めいよ

もくさつ

もくひ

もはん

解答	解説

読み　部首　熟語の構成　四字熟語　対義語・類義語　同音・同訓異字　誤字訂正　漢字と送りがな　書き取り

名誉（めいよ）	恥辱：はずかしめ。 名誉：よい評価を得ていること。
黙秘（もくひ）	供述：刑事訴訟法で、被告人などが事実を述べること。 黙秘：何も言わずにだまっていること。
忘却（ぼうきゃく）	記憶：過去の経験を覚えていること。またその事柄。 忘却：すっかりわすれること。
拡散（かくさん）	凝縮：広がっていた物が集まり固まること。 拡散：広がってまばらになるさま。
純白（じゅんぱく）	漆黒：黒うるしのように、黒くつやがあること。 純白：まじりけがなく、まっしろなこと。
配慮（はいりょ）	留意：心にとめて気をくばること。 配慮：見過ごすことのないように気をくばること。
黙殺（もくさつ）	無視：存在するものをないように扱うこと。 黙殺：無視して取り合わないこと。
模範（もはん）	手本：見習うべき物事。 模範：見習うべきよりどころ。
嘆願（たんがん）	哀訴：相手の心に届くように訴えること。 嘆願：事情を説明して実現を訴えること。
薄情（はくじょう）	冷酷：思いやりがないこと。むごいこと。 薄情：思いやりの気持ちがないこと。

対義語・類義語④

次の01〜05の**対義語**、06〜10の**類義語**を右の□の中から選び、**漢字**で答えよ。□の中の語は一度だけ使うこと。

対義語

☑ 01 進撃 ↔ □□

☑ 02 正統 ↔ □□

☑ 03 仙境 ↔ □□

☑ 04 幼稚 ↔ □□

☑ 05 粗雑 ↔ □□

類義語

☑ 06 発祥 = □□

☑ 07 抵当 = □□

☑ 08 窮乏 = □□

☑ 09 頑丈 = □□

☑ 10 披露 = □□

いたん

きげん

けんご

こうひょう

ぞっかい

たいきゃく

たんぽ

ひんこん

めんみつ

ろうれん

頻出度

C

合格点
7/10

1回目
月　日 /10

2回目
月　日 /10

解答	解説
退却 たいきゃく	進撃：前進して攻撃すること。 退却：戦いに敗れてしりぞくこと。
異端 いたん	正統：もっとも正しいとみなされる立場。 異端：正統とは異なるとみなされる立場。
俗界 ぞっかい	仙境：一般社会を離れた清らかな所。 俗界：この世。俗世間。
老練 ろうれん	幼稚：おさないこと。考え方などが未熟なこと。 老練：経験豊かで、巧みであること。
綿密 めんみつ	粗雑：あらっぽく、ざつなこと。 綿密：詳しく細かいこと。
起源・起原 きげん　きげん	発祥：物事が起こり、あらわれること。 起源・起原：物事のはじまり、みなもと。
担保 たんぽ	抵当：借金などの保証にあてること。担保。 担保：あらかじめ債権者に提供しておくもの。抵当。
貧困 ひんこん	窮乏：金と物品が不足し、生活に苦しむこと。 貧困：生活に困るほどまずしいこと。
堅固 けんご	頑丈：体が丈夫なさま。堅牢なさま。 堅固：すこやかなさま。壊れにくいさま。
公表 こうひょう	披露：広く知らせること。 公表：広く発表すること。

読み

部首

熟語の構成

四字熟語

対義語・類義語

同音・同訓異字

誤字訂正

漢字と送りがな

書き取り

対義語・類義語⑤

次の**01〜05**の**対義語**、**06〜10**の**類義語**を右の□の中から選び、**漢字**で答えよ。□の中の語は一度だけ使うこと。

対義語

☐ **01** 逃亡 ↔ □□

☐ **02** 陳腐 ↔ □□

☐ **03** 威圧 ↔ □□

☐ **04** 禁欲 ↔ □□

☐ **05** 自生 ↔ □□

類義語

☐ **06** 辛苦 = □□

☐ **07** 不粋 = □□

☐ **08** 抹消 = □□

☐ **09** 調停 = □□

☐ **10** 強情 = □□

かいじゅう

がんこ

きょうらく

さいばい

じょきょ

しんせん

ちゅうさい

ついせき

なんぎ

やぼ

解 答	解 説
追跡 ついせき	**逃亡**：にげて姿を隠すこと。 **追跡**：逃げるものをおいかけること。 **出例** 追跡 ↔ 逃走
新鮮 しんせん	**陳腐**：古臭くてありふれているさま。 **新鮮**：あたらしくあざやかなさま。
懐柔 かいじゅう	**威圧**：威力や権力により相手を押さえること。 **懐柔**：相手を上手に手なずけること。
享楽 きょうらく	**禁欲**：さまざまな欲望を抑えること。 **享楽**：さまざまなたのしみを十分に味わうこと。
栽培 さいばい	**自生**：自然に生え育つこと。 **栽培**：植物などを植えて育てること。
難儀 なんぎ	**辛苦**：つらくくるしいさま。 **難儀**：くるしむこと。
野暮 やぼ	**不粋**：微妙な感情のやりとりがわからないさま。 **野暮**：微妙な心理や状況がわからないさま。 **出例** 野暮 = 無粋
除去 じょきょ	**抹消**：消してのぞくこと。 **除去**：取りのぞくこと。
仲裁 ちゅうさい	**調停**：争いの間に入り、争いをやめさせること。 **仲裁**：争いの間に入り、和解させること。
頑固 がんこ	**強情**：意地を張り、自分の考えを変えないこと。 **頑固**：かたくなで、自分の考えを変えないこと。

読み

部首

熟語の構成

四字熟語

対義語・類義語

同音・同訓異字

誤字訂正

漢字と送りがな

書き取り

次の＿＿線の**カタカナ**を**漢字**に直せ。

☐ **01** 墨ジュウをすずりにたらした。

☐ **02** 失敗したと聞きジュウ面をつくる。

☐ **03** 海外出張を打シンされた。

☐ **04** 自宅で謹シンするよう伝えられる。

☐ **05** 生ガイを懸けて研究に取り組む。

☐ **06** 難題を解決ようとする気ガイを見せた。

☐ **07** コン意にしている取引先と話し合う。

☐ **08** 祖父とコン虫採集に出かける。

☐ **09** 鼻オが切れてしまった。

☐ **10** 友人との別れをオしんだ。

解答	解説

墨汁（ぼくじゅう）

墨汁：墨をすった汁。すぐに使える墨液。
出例 充血（じゅうけつ）／忍従（にんじゅう）

渋面（じゅうめん）

渋面：不機嫌そうな顔つき。
出例 柔軟（じゅうなん）／猛獣（もうじゅう）

打診（だしん）

打診：相手の意向を知るために、前もって反応をみること。医師が診察すること。
出例 紳士（しんし）／辛酸（しんさん）

謹慎（きんしん）

謹慎：言動をひかえめにすること。一定期間、出勤や登校を差し止められる罰。
出例 具申（ぐしん）／侵害（しんがい）

生涯（しょうがい）

生涯：一生。人生。生きている期間。
出例 感慨（かんがい）／該博（がいはく）

気概（きがい）

気概：困難にくじけない強い気性。
出例 弾劾（だんがい）

懇意（こんい）

懇意：親しい付き合いをしている関係。
出例 魂胆（こんたん）／婚姻（こんいん）

昆虫（こんちゅう）

昆虫：「昆虫綱」に分類される節足動物の総称。
出例 遺恨（いこん）／献立（こんだて）

鼻緒（はなお）

鼻緒：げたや草履などの、足の指ではさむ部分。
出例 生う（おう）／押す（おす）

惜しんだ（お）

惜しむ：心残りに思うこと。大切に思うこと。金品などを出ししぶること。
出例 推す（おす）／尾（お）

同音・同訓異字②

次の＿＿線の**カタカナ**を**漢字**に直せ。

☐ **01** 大気の<u>ジュン</u>環が雨を降らせる。

☐ **02** <u>ジュン</u>教者について調べる。

☐ **03** 綿花の繊<u>イ</u>から糸を作る。

☐ **04** 薬物<u>イ</u>存の危険を説く。

☐ **05** <u>ハン</u>雑な手続きを省く。

☐ **06** <u>ハン</u>布価格を会議で決めた。

☐ **07** 契約の<u>リ</u>行を確認する。

☐ **08** 疫<u>リ</u>の予防に努める。

☐ **09** 確認<u>モ</u>れのないよう注意する。

☐ **10** 王がなくなり国民は<u>モ</u>に服した。

合格点
7/10

1回目
月 日 /10

2回目
月 日 /10

頻出度
C

解答	解説

じゅんかん
循環

じゅんかん
循環：同じ経路を繰り返して回ること。
出例 批准／潤沢

じゅんきょう
殉教

じゅんきょう
殉教：自分の信仰心から命を捨てること。
出例 矛盾／純朴

せん い
繊維

せん い
繊維：きわめて細い糸状のもの。
出例 威嚇／経緯

い ぞん
依存

い ぞん
依存：他にたよって存在すること。それが
ないと平常が保てなくなる状態。
出例 遺憾／為政者

はんざつ
煩雑

はんざつ
煩雑：物事が込み入っていてわずらわしい
さま。
出例 随伴／帆走

はん ぷ
頒布

はん ぷ
頒布：冊子などをくばって、広く行き渡ら
せること。
出例 湖畔／搬入

り こう
履行

り こう
履行：決めたことを実際に行うこと。
出例 脳裏／官吏

えき り
疫痢

えき り
疫痢：小児にみられる細菌性赤痢のひとつ。
出例 利潤／隔離

も
漏れ

漏れる：こぼれ落ちる。液体や光などが外
へ出る。秘密などが外部に知れる。
出例 藻

も
喪

喪：人が亡くなったことを受けて、その関
係者が一定期間、交際などをできるだけ慎
むこと。出例 盛る

読み

部首

熟語の構成

四字熟語

対義語・類義語

同音・同訓異字

誤字訂正

漢字と送りがな

書き取り

次の＿＿線の**カタカナ**を**漢字**に直せ。

☑ **01** キ得権をもつ団体の解体を目指す。

☑ **02** 常キを逸した計画を破棄させる。

☑ **03** 両者の実力はハク仲している。

☑ **04** ハク真の演技に感動した。

☑ **05** 華レイなダンスに目を奪われた。

☑ **06** 予レイが鳴っている。

☑ **07** 恐リュウの化石を発掘する。

☑ **08** 俳句でなく川リュウを始める。

☑ **09** 森の中で巨木がクちていた。

☑ **10** 古い日記のページをクる。

解答	解説

既得権（き とくけん）

既得権：すでに取得している権利。
出例 知己／岐路

常軌（じょう き）

常軌：普通のやり方のこと。「軌」は筋道、手本の意。
出例 棋譜／飢餓

伯仲（はくちゅう）

伯仲：互いの力量に差がないこと。
出例 拍車／漂泊

迫真（はくしん）

迫真：現実の様子とそっくりに見えること。
出例 舶来／該博

華麗（か れい）

華麗：はなやかで美しいこと。
出例 霊気／零細

予鈴（よ れい）

予鈴：授業開始や開演の時間が近づいていることを知らせるために、前もって鳴らすベル。**出例** 樹齢／冷却

恐竜（きょうりゅう）

恐竜：中生代に繁栄した動物。
出例 硫酸／隆盛

川柳（せんりゅう）

川柳：俳句と同形式で、こっけいや風刺などを表現する無季短詩。

朽ちて（く）

朽ちる：腐って形がくずれてぼろぼろになる。
出例 悔いる

繰る（く）

繰る：細長いものを巻き付けたり、まとめたりする。順番に向こうへ送る、数える。

読み／部首／熟語の構成／四字熟語／対義語・類義語／同音・同訓異字／誤字訂正／漢字と送りがな／書き取り

次の＿＿線の**カタカナ**を**漢字**に直せ。

☑ **01** 俳句は五・七・五の<u>イン</u>律から成る。

☑ **02** 市役所に婚<u>イン</u>届を出した。

☑ **03** 凡<u>ヨウ</u>な成績で卒業した。

☑ **04** 久しぶりに再会した友人を抱<u>ヨウ</u>した。

☑ **05** 外見が驚くほど酷<u>ジ</u>している。

☑ **06** 先生の言葉は<u>ジ</u>愛に満ちている。

☑ **07** <u>キン</u>線に触れる文章だった。

☑ **08** 世間を騒がせたため自発的に<u>キン</u>慎する。

☑ **09** 職人に包丁を<u>ト</u>いでもらう。

☑ **10** 社長自ら陣頭指揮を<u>ト</u>る。

解　答	解　説
韻律 いんりつ	韻律：韻文における音の調子。 出例 隠居／陰気
婚姻 こんいん	婚姻：結婚して夫婦になること。
凡庸 ぼんよう	凡庸：特徴がなく平凡なこと。 出例 掲揚／舞踊
抱擁 ほうよう	抱擁：愛情を持ってだきかかえること。 出例 動揺／歌謡曲
酷似 こくじ	酷似：そっくりなこと。 出例 固辞／児戯
慈愛 じあい	慈愛：いつくしむような深い愛情。 出例 牛耳る／掃除
琴線 きんせん	琴線：琴の糸のことで、心の中にある、共鳴しやすい感情を琴の糸にたとえた語。 出例 緊縮／抗菌
謹慎 きんしん	謹慎：言動をひかえめにすること。一定期間、出勤や登校を差し止められる罰。 出例 一斤
研いで と	研ぐ：刃物などを砥石でこすって鋭くする。 出例 遂げる／捕らえる
執る と	執る：式や祭りなどをおこなう。執行する。 出例 撮る／富む

読み　部首　熟語の構成　四字熟語　対義語・類義語　同音・同訓異字　誤字訂正　漢字と送りがな　書き取り

次の各文にまちがって使われている**同じ読みの漢字**が**一字**ある。**誤字**と**正しい漢字**を答えよ。

☑ **01** 犯人とは全く関係のない人物を逮保してしまい警察は謝罪をすることとなった。

☑ **02** 誤って火災発生の放送が流れたため、驚いた客が一斉に出入口へ殺踏しけが人が出た。

☑ **03** 当店の最近の売り上げ額の減少は、顧客の授要を考慮しなかったことが原因だ。

☑ **04** 毎年恒例の音楽祭は様々なジャンルから豪華で多最な顔ぶれがそろった。

☑ **05** 親友が都会で就職するため郷里を離れることとなり、勢大な送別会を開いた。

☑ **06** 就職後一定期間行われる研収期間中に、会社の規則や働き方などを学ぶ。

☑ **07** 大規模工場の誘置に対し、環境保護団体による反対運動が起こった。

☑ **08** 新たに開発された化学素材は、旧来の素材より柔軟性は高いが待久性では劣る。

☑ **09** 事故が発生したとの通報があった場合、速座に現場へ急行する。

☑ **10** 動物の病気が海外から侵入するのを防ぐため、世界各国では動物検益が行われている。

解答　　　　　解説

保 → 捕	逮捕：犯罪の容疑のある者をとらえ自由を制限すること。
踏 → 到	殺到：たくさんの人や物が、一度に一つの場所などに集まること。
授 → 需	需要：買おうとする意志や欲求。
最 → 彩	多彩：色彩や種類が多く、美しく華やかなこと。
勢 → 盛	盛大：集会や儀式などが大きくさかんなこと。
収 → 修	研修：技能を高めるために受ける勉強や講習。
置 → 致	誘致：会社や人材などを、特定の地域に来るように積極的に誘うこと。
待 → 耐	耐久：壊れにくく長持ちすること。一定期間の試練を持ちこたえること。
速 → 即	即座：すぐその場。
益 → 疫	検疫：感染症が持ち込まれるのを防ぐため、空港などで人や物を検査し、隔離などの必要な処置をとること。

次の各文にまちがって使われている**同じ読みの漢字**が**一字**ある。**誤字**と**正しい漢字**を答えよ。

☑ 01 事件性のある遺体の司法回剖は刑事訴訟法などの法令に基づいて行われる。

☑ 02 医師は看者の退院後の生活を見据えた適切な医療の提供に努めた。

☑ 03 市長は商店主などの発案を積極的に導入し、観光の振効に尽力した。

☑ 04 土壌の改良や肥料の選定などの努力が実り、新品種の採培に成功した。

☑ 05 優れた技術力によって不鮮明な写真が解績され、犯人逮捕に至った。

☑ 06 事件解決には、発生直後の迅速で的確な初動操査が肝要だと言われている。

☑ 07 健康審断の結果、適度な運動と休息、良質な睡眠をとるよう医師に助言された。

☑ 08 世界最高峰のエベレストに登るための双備を準備する。

☑ 09 長年の討病の末に亡くなった知人のお通夜へ行った。

☑ 10 交通事故を起こし、救急車で病院へ販送され緊急手術により一命を取りとめた。

頻出度

C

合格点
7/10

1回目
　月　　日 /10

2回目
　月　　日 /10

解　答	解　説
回 ➡ 解	解剖(かいぼう)：生物体を切り開いて内部を調べ、死因などを観察すること。文の構造などを分析して明らかにすること。
看 ➡ 患	患者(かんじゃ)：病気やけがで医師の治療を受ける人。
効 ➡ 興	振興(しんこう)：産業などを盛んにすること、盛んになること。
採 ➡ 栽	栽培(さいばい)：植物などを植えて、育てること。
績 ➡ 析	解析(かいせき)：物事を細かく調べて本質を明らかにすること。
操 ➡ 捜	捜査(そうさ)：警察などの捜査機関が犯罪と判断したときに、犯人の発見、証拠の収集や保全を行う手続のこと。
審 ➡ 診	診断(しんだん)：医師が患者の健康状態や病状などを判断すること。
双 ➡ 装	装備(そうび)：目的を達成するための様々な道具のこと。またそのような道具を身に着けること。
討 ➡ 闘	闘病(とうびょう)：病気を治そうと積極的に療養すること。
販 ➡ 搬	搬送(はんそう)：荷物などを運んで送ること。

読み

部首

熟語の構成

四字熟語

対義語・類義語

同音・同訓異字

誤字訂正

漢字と送りがな

書き取り

漢字と送りがな①

次の＿＿線の**カタカナ**を**漢字一字**と**送りがな（ひらがな）**に直せ。　質問に<u>コタエル</u>。答える

☑ **01** 人目を<u>シノンデ</u>行動する。

☑ **02** 周到な準備をして客を<u>ムカエル</u>。

☑ **03** 水晶を落としたら<u>クダケテ</u>しまった。

☑ **04** 罪を<u>ツグナウ</u>ため出家した。

☑ **05** 通りがかりの人に道を<u>タズネル</u>。

☑ **06** 冬眠のため栄養を<u>タクワエル</u>。

☑ **07** 同じ罪を二度も<u>オカス</u>。

☑ **08** 風景を丹念に<u>エガイタ</u>。

☑ **09** <u>クルオシイ</u>表情を見せた。

☑ **10** そろそろ芋が<u>ニエル</u>ころだ。

解 答	解 説

忍んで
忍ぶ：我慢する。人目をはばかる。

迎える
迎える：待ち受けて中に入れる。一員に加える。

砕けて
砕ける：こなごなになる。気持ちや勢いがくじける。文章などがわかりやすくなる。

償う
償う：与えた損害の埋め合わせをする。

尋ねる
尋ねる：わからないことを人に聞く。
✖訪ねる

蓄える
蓄える：金銭や品物、また知恵や体力などを、のちに役立てるために大切にためておく。

犯す
犯す：法律や規則などに違反する。けがす。

描いた
描く：物の姿や形を絵で表す。物事のありさまを文章や音楽などで表現する。
✖描がいた

狂おしい
狂おしい：気が狂いそうになる思いがする。
出例 狂う

煮える
煮える：煮汁の中の物に熱が通って、食べられるようになる。　✖煮る
出例 煮詰まる

277

漢字と送りがな②

次の＿＿線の**カタカナ**を**漢字一字**と**送りがな**（**ひらがな**）に直せ。 質問に**コタエル**。 答える

☑ **01** 大は小を**カネル**。

☑ **02** とげが指に**ササッテ**いる。

☑ **03** 魔の手から**ノガレル**。

☑ **04** 泣く子をようやく**ネカシ**つけた。

☑ **05** タバコが**ケムタイ**。

☑ **06** 父は歴史に**クワシイ**。

☑ **07** 必要な物をバッグに**ツメル**。

☑ **08** 主人公は**イサマシイ**青年だ。

☑ **09** 大草原を馬が**カケル**。

☑ **10** 七夕の**カザリ**が風に揺れる。

解答	解説

兼ねる
兼ねる：二つの役割を併せ持つ。

刺さって
刺さる：先のとがった物が突き立つ。
出例 刺す

逃れる
逃れる：危険な状態から離れる。
✕逃がれる
出例 逃げる／見逃す

寝かし
寝かす：眠りにつかせる。

煙たい
煙たい：煙のために息苦しい。窮屈に感じられる。
出例 煙い

詳しい
詳しい：細かい点までよく調査されている。

詰める
詰める：物を入れていっぱいにする。すきまがないようにする。ふさぐ。最後のところまで言う。

勇ましい
勇ましい：勢いがあり、恐れず困難に向かっていくさま。生き生きとして大胆なさま。

駆ける
駆ける：馬などを速く走らせる。ある行動をとらせる。

飾り
飾り：美しくなるように、添えたり整えたりするための物。

書き取り①

次の＿＿線の**カタカナ**を**漢字**に直せ。

☐ **01** <u>ニンプ</u>に席を譲った。

☐ **02** <u>ユカイ</u>な時が過ぎるのは早い。

☐ **03** 数字が不規則に<u>ラレツ</u>されている。

☐ **04** <u>カゲン</u>の月を写真に撮る。

☐ **05** 世界の<u>コウキュウ</u>の平和を祈る。

☐ **06** 質問に対し<u>コウテイ</u>の意を返す。

☐ **07** 国際試合では<u>テガタ</u>い策を取る。

☐ **08** カラスの<u>ネドコ</u>を探す。

☐ **09** 思い切って<u>カミ</u>を短くした。

☐ **10** 攻撃の<u>ホコサキ</u>をかわした。

合格点
7/10

1回目
月　日　/10

2回目
月　日　/10

頻出度
C

解答	解説

妊婦（にんぷ）
妊婦：妊娠している女性。
出例　妊娠（にんしん）

愉快（ゆかい）
愉快：楽しくおもしろいこと。気持ちがよいこと。

羅列（られつ）
羅列：連ねて並べること。

下弦（かげん）
下弦：満月の後の、半月。
出例　管弦（かんげん）

恒久（こうきゅう）
恒久：ある状態がひさしく変わらないこと。
出例　恒例（こうれい）

肯定（こうてい）
肯定：事柄や意見などがそのとおりであると認めること。

手堅い（てがたい）
手堅い：堅実であるさま。
出例　堅苦しい（かたくるしい）／堅実（けんじつ）／堅持（けんじ）

寝床（ねどこ）
寝床：ねるための場所。ねるための布団など。
出例　寝汗（ねあせ）／寝坊（ねぼう）／就寝（しゅうしん）／寝坊（ねぼう）

髪（かみ）
髪：頭に生える毛。
出例　髪飾り（かみかざり）／散髪（さんぱつ）／毛髪（もうはつ）

矛先（ほこさき）
矛先：攻撃・議論などの鋭い勢いと、その向かうさき。
出例　矛盾（むじゅん）

281

書き取り②

次の＿＿＿線の**カタカナ**を**漢字**に直せ。

☑ **01** <u>ニュウワ</u>な表情を浮かべた。

☑ **02** 姉は<u>モハン</u>的な学生だ。

☑ **03** 幻想的な<u>フンイキ</u>をもつ映画だった。

☑ **04** 交通事故に遭い<u>ダボク</u>した。

☑ **05** 姉は自由<u>ホンポウ</u>な性格だ。

☑ **06** 親の忠告を肝に<u>メイ</u>ずる。

☑ **07** 作品に<u>フ</u>れてはいけない。

☑ **08** <u>モッパ</u>ら受験勉強に励んだ。

☑ **09** どうぞたくさん<u>メ</u>し上がれ。

☑ **10** 前を走る車の速度が<u>オソ</u>い。

解答	解説
柔和 にゅう わ	柔和：優しくて穏やかなさま。 **出例** 柔道 **豆**「柔」を「にゅう」と読む熟語は「柔弱」など、数少ない
模範 も はん	模範：見習うべき存在。 **出例** 範／範囲 **類義語** 規範
雰囲気 ふん い き	雰囲気：その場所に自然に作り出されている特有の気分。
打撲 だ ぼく	打撲：強くうちつけたり、たたいたりすること。
奔放 ほん ぽう	奔放：他を気にせず自分の思い通りにふるまうさま。 **出例** 奔走
銘ずる めい	銘ずる：深く心に刻み付けて忘れないこと。 **出例** 銘
触れて ふ	触れる：軽くくっつく。ちょっとさわる。 **出例** 舌触り／前触れ／接触／感触
専ら もっぱ	専ら：一つのことだけをするさま。
召し め	召す：「食べる・飲む・着る・招く」などの尊敬語。
遅い おそ	遅い：物事の進み方がゆっくりである。 **出例** 遅咲き／遅延／遅刻

読み

部首

熟語の構成

四字熟語

対義語・類義語

同音・同訓異字

誤字訂正

漢字と送りがな

書き取り

283

次の＿＿＿線の**カタカナ**を**漢字**に直せ。

☑ **01** ラクライにより電車が止まった。

☑ **02** 選手と監督をケンムする。

☑ **03** 両国の武力のキンコウは保たれている。

☑ **04** ビール瓶のセンを抜く。

☑ **05** スイソウでメダカを飼育している。

☑ **06** 商品を倉庫にハンニュウする。

☑ **07** 前世からのエニシがある。

☑ **08** 悲鳴のようなサケび声を聞いた。

☑ **09** サルシバイは見抜かれていた。

☑ **10** 横から口をハサむ。

解 答	解 説
落雷 らくらい	落雷：かみなりが落ちること。 出例 雷雲／地雷／雷
兼務 けんむ	兼務：職業や任務を同時に二つ以上持っていること。 出例 兼用／兼ねる
均衡 きんこう	均衡：釣り合いが取れていること。 出例 平衡
栓 せん	栓：瓶などの口をふさぐ物。流れを調節したりする装置。
水槽 すいそう	水槽：水をためておく容器。魚などを飼育するための容器。 出例 浴槽
搬入 はんにゅう	搬入：荷物などを運びいれること。 出例 搬送／搬出 ✕般入 対義語 搬出
縁 えにし	縁：つながり。えん。 出例 額縁／縁談／因縁
叫び さけび	叫ぶ：大声を出す。また主張すること。 出例 絶叫
猿芝居 さるしばい	猿芝居：簡単に見すかされるような、浅はかなたくらみ。サルに芸をさせるみせもの。 出例 猿
挟む はさむ	挟む：物の間に差し入れる。物の間に入れて落ちないようにする。 出例 挟まる

読み　部首　熟語の構成　四字熟語　対義語・類義語　同音・同訓異字　誤字訂正　漢字と送りがな　書き取り

285

次の___線の**カタカナ**を**漢字**に直せ。

☑ **01** 昨夜から強風が**モウイ**を振るっている。

☑ **02** 組織の**イジ**管理が大変だ。

☑ **03** 昨年度の優勝者を**ダトウ**したい。

☑ **04** **ボン**と正月が一緒に来たような忙しさだ。

☑ **05** 新入社員の**カンゲイ**会を開く。

☑ **06** 功績を認められ勲章を**ジュヨ**される。

☑ **07** 友人と杯を酌み**カ**わす。

☑ **08** 電車に**カサ**を忘れてしまった。

☑ **09** 寒いので**シルコ**を飲んで温まる。

☑ **10** 勘違いも**ハナハ**だしい。

解答	解説
猛威 もう い	猛威：流行病などの強く激しい勢い。すさまじい勢力。 **出例** 猛暑
維持 い じ	維持：運営や機能などを一定の水準に保ち続けること。**豆**「維」には「つなぐ・支える・保つ」などの意がある
打倒 だ とう	打倒：うちまかすこと。 **出例** 倒壊／倒産／倒れる
盆 ぼん	盆：先祖の霊にいろいろな食べ物などを供えて供養する仏教に根ざした行事。物を載せるための平たい道具。**出例** 盆踊り
歓迎 かんげい	歓迎：喜んでむかえること。 **出例** 歓心／歓喜
授与 じゅ よ	授与：さずけ、あたえること。 **出例** 寄与／給与／与える
交わす か	交わす：やり取りや交換をする。 **出例** 交う
傘 かさ	傘：雨よけや日よけのためにかざすもの。 **出例** 日傘
汁粉 しる こ	汁粉：小豆あんのしるに餅などを入れた食べ物。 **出例** 青汁／果汁
甚だしい はなは	甚だしい：通常の度合いをはるかに超えているさま。

287

次の＿＿線の**カタカナ**を**漢字**に直せ。

☐ **01** キュウデンの遺跡を発掘する。

☐ **02** ホッサ的にお菓子を食べたくなる。

☐ **03** 下らないゾクセツを一蹴する。

☐ **04** 古代の王墓だが既にトウクツされている。

☐ **05** 事故のゲンキョウは飲酒運転だった。

☐ **06** 雑事にボウサツされている。

☐ **07** 権力者を裏でアヤツる。

☐ **08** お手をワズラわせて申し訳ありません。

☐ **09** 試合はオモシロい展開になってきた。

☐ **10** ヤナギの下のドジョウ。

解 答	解 説
きゅうでん **宮殿**	宮殿：国王や天皇などが住む御殿。 **出例** 殿下／殿堂／殿様
ほっさ **発作**	発作：症状が急激に起こり、短時間でおさまること。「発作的に」は、突然ある行動を行うこと。**出例** 発起
ぞくせつ **俗説**	俗説：世間で流布している根拠のない説のこと。 **出例** 風俗
とうくつ **盗掘**	盗掘：無許可で他人の土地から物品をほり起こして取ること。 **出例** 盗難／強盗／盗む ❌盗堀
げんきょう **元凶**	元凶：諸悪の根源。悪事を働く中心人物。 **出例** 凶作／凶
ぼうさつ **忙殺**	忙殺：仕事などに追われて多忙なこと。 **出例** 多忙／忙しい
あやつ **操る**	操る：物を動かして使う。上手に使いこなす。意のままに人を動かす。
わずら **煩わせて**	煩わす：心配させる。面倒をかける。 **出例** 煩う
おもしろ **面白い**	面白い：興味深い、心が引かれる。趣深い。愉快である。 **出例** 面長
やなぎ **柳**	柳：ヤナギの総称。主に水辺で枝を下に垂らしたシダレヤナギのことを指す。

読み

部首

熟語の構成

四字熟語

対義語・類義語

同音・同訓異字

誤字訂正

漢字と送りがな

書き取り

次の＿＿線の**カタカナ**を**漢字**に直せ。

☑ **01** 力不足で優勝ケンガイにある。

☑ **02** マラソン大会の参加費をチョウシュウされた。

☑ **03** 議場にはドゴウが飛び交った。

☑ **04** 接着ザイを使って工作をする。

☑ **05** 合成ジュシ製の食器を使う。

☑ **06** ユウシュウな学生を企業に推薦する。

☑ **07** 新しい靴をハく。

☑ **08** ツツシんでおわび申し上げる。

☑ **09** 意見の対立以来、両者の間にはミゾがある。

☑ **10** モモの節句が近い。

合格点
7/10

1回目
月　日 /10

2回目
月　日 /10

頻出度
C

解　答	解　説
圏外 けんがい	圏外：一定の条件の外にあること。 **出例** 圏内／圏 **豆** 「圏」は「一定の限られた範囲」の意
徴収 ちょうしゅう	徴収：金銭などを取り立てること。 **出例** 象徴／徴兵
怒号 どごう	怒号：いかってどなる声。 **出例** 怒鳴る／怒る **✕怒豪** **類義語** 怒声
剤 ざい	剤：助数詞、調合した薬を数えるのに用いる。 調合するなどの意味を持つ漢字。 **出例** 洗剤／薬剤
樹脂 じゅし	樹脂：木のやに。**豆** 「合成樹脂」はプラスチックなどの合成高分子化合物の総称。 **出例** 脂肪／油脂／脂汗
優秀 ゆうしゅう	優秀：非常にすぐれて、ひいでているさま。 **出例** 秀才／秀作
履く はく	履く：衣服や靴などを下半身につける。 **出例** 履歴
謹んで つつしんで	謹む：うやうやしく。かしこまって。**出例** 謹慎 **✕慎む** **豆** 「慎む」は失敗に気をつけたり、度を超さないよう気をつけたりする場合に使う
溝 みぞ	溝：感情の隔たり。小さい水路や細長いくぼみ。 **出例** 海溝
桃 もも	桃：多汁性の食用の果実の一つ。夏に球形の実がなる。 **豆** 「桃の節句」は3月3日のひな祭り

読み

部首

熟語の構成

四字熟語

対義語・類義語

同音・同訓異字

誤字訂正

漢字と送りがな

書き取り

291

次の＿＿線の**カタカナ**を**漢字**に直せ。

☑ **01** 北海道の**カイタク**は大変な苦労が伴った。

☑ **02** **アクリョク**を鍛える。

☑ **03** 紛争地では**ホウゲキ**が行われた。

☑ **04** 久しぶりに**リョカク**列車に乗る。

☑ **05** 詳しく**ヒカク**検討しなさい。

☑ **06** 海外**エンセイ**の日程が決まらない。

☑ **07** 思わず目を**ソム**けた。

☑ **08** 城のお**ホリ**に白鳥がいた。

☑ **09** 海に突き出た**ミサキ**に灯台を建てた。

☑ **10** ふるさとが**コイ**しい。

解答	解説
かいたく 開拓	開拓：山野や荒れ地などを切りひらいて、田畑や敷地にすること。新しい分野や人生などを切りひらくこと。**出例** 干拓
あくりょく 握力	握力：物をにぎりしめる力。 **出例** 握手／握る
ほうげき 砲撃	砲撃：砲弾をうち込んで攻めること。 **出例** 発砲／砲弾
りょかく 旅客	旅客：旅人。旅行者。
ひかく 比較	比較：並べてくらべること。
えんせい 遠征	遠征：調査や試合などの目的で、とおくへ出かけること。 **出例** 征服
そむ 背けた	背ける：正視できず、顔や視線を対象からずらす。**出例** 背く（**豆**）「背く」の場合は「命令や約束に反した言動をとる」の意
ほり 堀	堀：地面を掘ってつくった水路。防御のために水をたたえた所。 ✕掘
みさき 岬	岬：海や湖に突き出している、地続きの陸地。
こい 恋しい	恋しい：離れている人や場所に心を強く引かれるさま。 **出例** 恋人／恋う／悲恋／失恋

次の＿＿線の**カタカナ**を**漢字**に直せ。

☑ **01** <u>ヒガン</u>を過ぎてから墓参りに行った。

☑ **02** シェイクスピアの<u>ギキョク</u>を研究する。

☑ **03** <u>ボウシ</u>のよく似合うご婦人だ。

☑ **04** 事故の<u>ケイイ</u>の詳細を聞く。

☑ **05** 患者の<u>コドウ</u>は正常だ。

☑ **06** 生活態度を<u>ゼンパン</u>的に改める。

☑ **07** 初対面の人を<u>キヅカ</u>う。

☑ **08** <u>スブタ</u>の作り方を母から習う。

☑ **09** 遠くに雪を<u>カブ</u>った山が見える。

☑ **10** スズメが<u>コメツブ</u>をついばむ。

解 答	解 説
彼岸 ひ がん	彼岸：春分・秋分の日を挟んだ前後七日間の期間。向こうぎし。 出例 彼／彼女
戯曲 ぎ きょく	戯曲：劇の上演のために書かれた演劇の脚本。また、そのような形式で書かれた文学作品。出例 遊戯
帽子 ぼう し	帽子：寒暑・直射日光・ほこりなどを防ぐなどのためのかぶり物。
経緯 けい い	経緯：物事の進行具合。入りくんだ事情。 出例 南緯／北緯
鼓動 こ どう	鼓動：心臓の律動的な動き。外部から推測できる内部の活力。 出例 太鼓 類義語 拍動
全般 ぜん ぱん	全般：物事の総体。 出例 諸般／一般
気遣う き づか う	気遣う：あれやこれやと気にかけて心配する。 出例 金遣い／派遣
酢豚 す ぶた	酢豚：角切りの豚肉や甘酢を使った料理。 出例 酢
被った か ぶ	被る：隠れるように全体を覆う。顔や頭を覆うようにつける。 出例 被災／被爆
米粒 こめつぶ	米粒：米のつぶ。 出例 大粒／一粒／粒子

読み 部首 熟語の構成 四字熟語 対義語・類義語 同音同訓異字 誤字訂正 漢字と送りがな 書き取り

295

書き取り⑨

次の＿＿線の**カタカナ**を**漢字**に直せ。

☑ **01** 人権を<u>シンガイ</u>する行為だ。

☑ **02** 長い<u>チンモク</u>を破る。

☑ **03** <u>エキビョウ</u>により大勢が亡くなった。

☑ **04** 昨夜、小学生が<u>ユウカイ</u>された。

☑ **05** 料金を<u>イッカツ</u>で支払う。

☑ **06** <u>カッショク</u>の髪が風になびく。

☑ **07** 太陽がギラギラと<u>カガヤ</u>く。

☑ **08** <u>クワ</u>しい事情は知らない。

☑ **09** 警察の追跡を<u>ノガ</u>れる。

☑ **10** 病床の友人を<u>ミマ</u>った。

解 答	解 説
しんがい **侵害**	侵害：他人の権利・利益、他国の領土など をおかすこと。**出例** 侵入 **類義語** 侵入／侵犯／侵略　❌浸害
ちんもく **沈黙**	沈黙：だまりこむこと。 **出例** 沈着
えきびょう **疫病**	疫病：悪性の伝染病。 **出例** 免疫
ゆうかい **誘拐**	誘拐：人をだまして誘い出し、連れ去ること。
いっかつ **一括**	一括：一つにまとめること。
かっしょく **褐色**	褐色：黒味がかった茶色。
かがや **輝く**	輝く：まばゆいほどに光る。名誉を得て華々 しい状態にある。 **出例** 輝かしい
くわ **詳しい**	詳しい：精通している。細かいところまで 行き届いていること。**出例** 詳細 （豆）「詳」と反対の意味をもつ漢字は「略」
のが **逃れる**	逃れる：危険を避けて遠くに身を置く。好 ましくない状態になるのを回避する。 **出例** 見逃す／逃避
みま **見舞った**	見舞う：病人や被災地の様子を尋ねたり慰 めたりすること。 **出例** 舞扇／舞踊　**類義語** 慰問する

読み

部首

熟語の構成

四字熟語

対義語・類義語

同音・同訓異字

誤字訂正

漢字と送りがな

書き取り

次の＿＿線の**カタカナ**を**漢字**に直せ。

☑ **01** 手持ちの円をドルに**カンサン**した。

☑ **02** 特定の人に**ベンギ**をはかる。

☑ **03** **ギジン**化された動物が登場する。

☑ **04** **キュウクツ**な生活を強いられる。

☑ **05** 商品の違いを**ギンミ**する。

☑ **06** **ケンキョ**な気持ちで講義を聞く。

☑ **07** **シバフ**の上に寝転ぶ。

☑ **08** **ナマリ**色の空から雨が降り出す。

☑ **09** 英雄の**ホマ**れ高い人物だった。

☑ **10** 危険なので注意して**アツカ**う。

合格点
7/10

1回目
月　日　/10

2回目
月　日　/10

頻出度
C

解 答	解 説
換算 (かんさん)	換算：他の単位にかえて計算しなおすこと。**出例** 変換／換気
便宜 (べんぎ)	便宜：好都合なこと。特別なはからい。
擬人 (ぎじん)	擬人：人間でないものを人間に見立てること。**出例** 模擬
窮屈 (きゅうくつ)	窮屈：空間がせまく自由に動けないこと。気づまりであること。堅苦しいこと。金銭や物が不足して苦しいさま。**出例** 窮地
吟味 (ぎんみ)	吟味：念入りに調べること。罪を調べただすこと。
謙虚 (けんきょ)	謙虚：控え目でつつましいこと。相手の意見などをすなおに受け入れること。
芝生 (しばふ)	芝生：芝が一面に生えている場所。
鉛 (なまり)	鉛：灰色の金属、なまり。金属元素の一つ。
誉れ (ほまれ)	誉れ：良いという評判を得ること。誇り。**出例** 名誉
扱う (あつかう)	扱う：取りあつかう。物事をさばく。取り上げて問題にする。

読み

部首

熟語の構成

四字熟語

対義語・類義語

同音・同訓異字

誤字訂正

漢字と送りがな

書き取り

299

書き取り⑪

次の＿＿線の**カタカナ**を**漢字**に直せ。

☑ **01** 売り上げ額の違いが**ケンチョ**だ。

☑ **02** 古くから**ゴフク**を商っている。

☑ **03** 低い土地では**コウズイ**に注意する。

☑ **04** **ショサイ**にこもって読書をする。

☑ **05** 裁判所に**ソショウ**を起こす。

☑ **06** 政権の**チュウスウ**を担う。

☑ **07** キャンプ場のたき火が**ケム**い。

☑ **08** 茂った雑草を**カ**り取る。

☑ **09** 村全体が**キリ**に覆われている。

☑ **10** **オノレ**の限界まで体を鍛える。

解 答	解 説
顕著 けんちょ	顕著：明らかなさま。際立って目につくさま。 **出例** 顕微鏡
呉服 ごふく	呉服：和服用の織物の総称。
洪水 こうすい	洪水：河川の水量が増加すること。河川の水が堤防から流出すること。
書斎 しょさい	書斎：読者や執筆をするための部屋。
訴訟 そしょう	訴訟：裁判を申し立てること。嘆願すること。
中枢 ちゅうすう	中枢：中心となる需要な部分。
煙い けむ	煙い：煙のために息苦しかったり、目が痛く感じたりするさま。 **出例** 土煙／煙／煙突／禁煙
刈り か	刈る：密生している植物などを刃物で取り払う。 **✕** 狩る／駆る
霧 きり	霧：水蒸気が凝結した微細な水滴が、地表などを覆う現象。
己 おのれ	己：自分自身。

読み　部首　熟語の構成　四字熟語　対義語・類義語　同音・同訓異字　誤字訂正　漢字と送りがな　書き取り

（一） 次の——線の**漢字の読み**をひらがな
で記せ。

1 その言い方は語弊を招きやすい。（　）

2 粛然として正座する。（　）

3 理論の矛盾点を喝破する。（　）

4 賠償金を請求する。（　）

5 泰然として動かなかった。（　）

6 国家の安寧を祈る。（　）

7 恩師に結婚の媒酌を依頼する。（　）

8 技術が漸進的に向上する。（　）

9 敗戦により苦汁をなめた。（　）

10 内裏びなを最上段に飾る。（　）

11 収賄の罪で起訴される。（　）

12 頑健な体だけは自慢だ。（　）

制限時間 **60** 分

合格点 **140** 点

得点

／**200**

解答はP.351〜350
［巻末9〜10］

13 部屋が狭くて窮屈だ。（　　）

14 妥当な判断といえる。（　　）

15 彼は剛胆な性格だ。（　　）

16 眺望のよい丘に登る。（　　）

17 寡聞にして知らない。（　　）

18 全国大会を制覇する。（　　）

19 このカーテンは遮光性が高い。（　　）

20 PTAの懇談会に出席する。（　　）

21 風薫る五月になった。（　　）

22 神妙な面持ちになる。（　　）

23 殊のほかお元気でした。（　　）

24 多大な損害を被った。（　　）

25 口幅ったい言い方を謝罪する。（　　）

26 くりの渋皮を丁寧に取る。（　　）

27 仏前に花を手向ける。（　　）

28 業界を牛耳っているのは彼だ。（　　）

29 暑さがやっと和らぐ。（　　）

30 春先の雪崩に注意が必要だ。（　　）

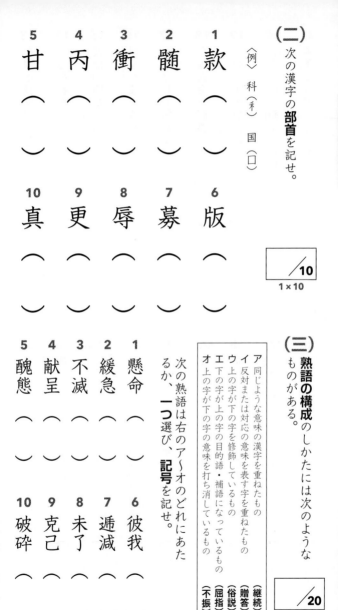

（二）次の漢字の**部首**を記せ。

〈例〉 科（禾） 国（口）

1 款（ ）
2 髄（ ）
3 衝（ ）
4 丙（ ）
5 甘（ ）

6 版（ ）
7 募（ ）
8 辱（ ）
9 更（ ）
10 真（ ）

/10
1×10

（三）**熟語の構成**のしかたには次のようなものがある。

ア 同じような意味の漢字を重ねたもの（継続）
イ 反対または対応の意味を表す字を重ねたもの（贈答）
ウ 上の字が下の字を修飾しているもの（俗説）
エ 下の字が上の字の目的語・補語になっているもの（屈指）
オ 上の字が下の字の意味を打ち消しているもの（不振）

次の熟語は右のア〜オのどれにあたるか、**一つ選び、記号**を記せ。

1 懸命（ ）
2 緩急（ ）
3 不滅（ ）
4 献呈（ ）
5 醜態（ ）

6 彼我（ ）
7 逓減（ ）
8 未了（ ）
9 克己（ ）
10 破砕（ ）

/20
2×10

（四） 次の四字熟語について、**問1**と**問2**について答えよ。

/30

問1/2×10
問2/2×5

問1 下の□内のひらがなを漢字にして□に入れ、**四字熟語**を完成せよ。□内のひらがなは一度だけ使い、**一字**記せ。

ア 喜色□面 ‹1›

イ 思□分別 ‹2›

ウ 勇□果敢 ‹3›

エ 昼夜□行 ‹4›

オ □名披露 ‹5›

カ 安寧秩□ ‹6›

キ 清廉□白 ‹7›

ク 故事来□ ‹8›

ケ 優□不断 ‹9›

コ □顔無恥 ‹10›

けっ　けん　こう　しゅう　じゅう

じょ　まん　もう　りょ　れき

問2 次の**11～15**の**意味**にあてはまるものを**問1**の**ア～コ**の四字熟語から**一つ**選び、**記号**を記せ。

11 勇ましくて決断力が強く、屈しないこと。（　　）

12 心が清く、後ろめたいところがないさま。（　　）

13 昼も夜も休まずに進むこと。（　　）

14 決断力に欠け、いつまでもぐずぐずしていること。（　　）

15 よく考えて判断すること。（　　）

（五）

次の **1～5** の**対義語**、**6～10** の**類義語**を下の□の中から選び**漢字**で記せ。□の中の語は一度だけ使うこと。

対義語

1	慎重	（　　）
2	黙秘	（　　）
3	歓声	（　　）
4	抵抗	（　　）
5	混濁	（　　）

類義語

6	微妙	（　　）
7	堅固	（　　）
8	道徳	（　　）
9	盛況	（　　）
10	干渉	（　　）

かいにゅう　がんじょう　きょうじゅつ
けいそつ　せんさい　とうめい　はんえい
ひめい　ふくじゅう　りんり

（六）次の——線の**カタカナ**を**漢字**に直せ。

1 同人誌を主**サイ**する。（　）

2 盆**サイ**を大切に育てる。（　）

3 生活困窮者を**フ**助する。（　）

4 当家の系**フ**をひもとく。（　）

5 哀**トウ**の意を表する。（　）

6 まさに**トウ**徹した理論だ。（　）

7 長距離走で体力を消**モウ**する。（　）

8 去年の夏は**モウ**暑だった。（　）

9 食糧不足で**ウ**える。（　）

10 モモの実が**ウ**れる。（　）

（七）次の各文にまちがって使われている**同じ読みの漢字**が一字ある。**上に誤字**を、**下に正しい漢字**を記せ。

1 昨日の倉庫整理で随分古い書類が大量に発見され大半を廃棄庶分にした。（　・　）

2 スマートフォンの急激な布及は生活を一変させたがそれに伴って問題も多発している。（　・　）

3 近年の自然志向の高まりが食品点加物の過剰使用を急速に抑制した。（　・　）

4 警察の偉信をかけての大捜査の網をくぐり抜け凶悪犯は国外逃亡した。（　・　）

5 平和協定の締結目前での今回の武力行使は世界に多大な衝激を与えた。（　・　）

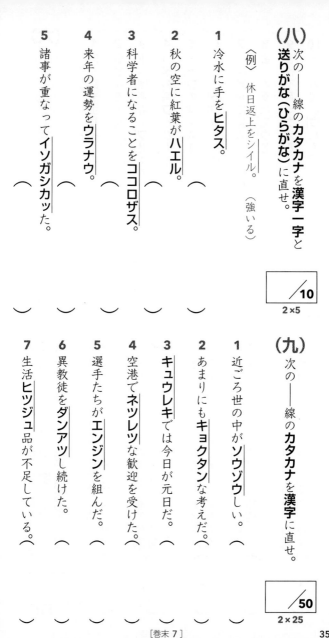

（八）次の──線の**カタカナ**を**漢字一字**と**送りがな（ひらがな）**に直せ。

〈例〉 休日返上をシイル。（強いる）

1 冷水に手を**ヒタス**。（　）

2 秋の空に紅葉が**ハエル**。（　）

3 科学者になることを**ココロザス**。（　）

4 来年の運勢を**ウラナウ**。（　）

5 諸事が重なって**イソガシカッ**た。（　）

/10
2 ×5

（九）次の──線の**カタカナ**を**漢字**に直せ。

1 近ごろ世の中が**ソウゾウ**しい。（　）

2 あまりにも**キョクタン**な考えだ。（　）

3 **キュウレキ**では今日が元日だ。（　）

4 空港で**ネツレツ**な歓迎を受けた。（　）

5 選手たちが**エンジン**を組んだ。（　）

6 異教徒を**ダンアツ**し続けた。（　）

7 生活**ヒツジュ**品が不足している。（　）

/50
2 × 25

8 初めて山小屋に**シュクハク**する。（　　）

9 新聞に**トウコウ**する。（　　）

10 大国の仲介で戦争は**カイヒ**された。（　　）

11 医療器具の**メッキン**を行う。（　　）

12 学校の**ケイジ**板で日程を確認する。（　　）

13 普段使わない道具を**ナンド**にしまう。（　　）

14 金の**モウジャ**とはなりたくない。（　　）

15 父は長年**ヨウツウ**に悩んでいる。（　　）

16 提案を**オオスジ**で了承する。（　　）

17 これまで**イクタ**の辛酸をなめてきた。（　　）

18 料理の**ウデマエ**が上がった。（　　）

19 **カタミ**の狭い思いを味わう。（　　）

20 湿度が高くて食品が**イタ**む。（　　）

21 **オソザ**きの桜を見に行こう。（　　）

22 愚かな言動を**ツツシ**みなさい。（　　）

23 長い間手紙を**カ**わした。（　　）

24 傷が**イ**えるまで安静にする。（　　）

25 **ツタナ**い文章ながら気持ちは伝わる。（　　）

問題を解いたら、必ず答え合わせをして、得点を出してみましょう。間違えた問題はそのままにせず、復習しましょう。

22	21	20	19	18	17	16	15	14	13	12	11	10	9	8
おもも	かお	こんだん	しゃこう	せいは	かぶん	ちょうぼう	ごうたん	だとう	きゅうくつ	がんけん	しゅうわい	だいり	くじゅう	ぜんしん

（四）四字熟語

5	4	3	2	1
襲	兼	猛	慮	満

⇨1問2点

（三）熟語の構成

5	4	3	2	1
ウ	ア	オ	イ	エ

10	9	8	7	6
ア	エ	オ	ウ	イ

⇨1問2点

（六）同音・同訓異字

10	9	8	7	6	5	4	3	2	1
熟	飢	猛	耗	透	悼	譜	扶	栽	宰

⇨1問2点

10	9
介入	繁栄

（九）書き取り

12	11	10	9	8	7	6	5	4	3	2	1
掲示	滅菌	回避	投稿	宿泊	必需	弾圧	円陣	熱烈	旧暦	極端	騒騒・騒々

⇨1問2点

模擬試験問題

(一) 読み

⇨1問1点

1 ごへい
2 しゅくぜん
3 かっぱ
4 ばいしょう
5 たいぜん
6 あんねい
7 ばいしゃく

(二) 部首

⇨1問1点

1 欠
2 骨
3 行
4 一
5 甘
6 片
7 力
8 辰
9 曰
10 目

23 こと
24 こうむ
25 くちはば
26 しぶかわ
27 たむ
28 ぎゅうじ
29 やわ
30 なだれ

(五) 対義語・類義語

⇨1問2点

1 軽率
2 供述
3 悲鳴
4 服従
5 透明
6 繊細
7 頑丈
8 倫理

6 序
7 潔
8 歴
9 柔
10 厚

11 ウ
12 キ
13 エ
14 ケ
15 イ

(七) 誤字修正

⇨1問2点

1 庶・処
2 布・普
3 点・添
4 偉・威
5 激・撃

(八) 漢字と送りがな

⇨1問2点

1 浸す
2 映える
3 志す
4 占う
5 忙しかっ

13 納戸
14 亡者
15 腰痛
16 大筋
17 腕前
18 幾多
19 肩身
20 傷
21 遅咲
22 慎
23 交
24 癒
25 拙

準2級配当漢字表

準2級の試験で最も重要となる準2級配当漢字の一覧です。しっかりと覚えておきましょう。用例は、過去に出題されたものや、出題される可能性が高いものを集めました。

328字

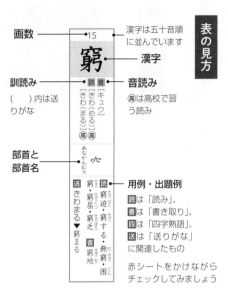

表の見方

画数 ・15 — 漢字は五十音順に並んでいます

窮 — 漢字

訓読み — 訓 [きわ(める)] [きわ(まる)] 高 ( )内は送りがな

音読み — 音 [キュウ] 高は高校で習う読み

部首と部首名 — あなかんむり 穴

用例・出題例
読 窮地・窮する・無窮・困窮
書 窮地
送 きわまる▼窮まる

読 は「読み」、書 は「書き取り」、四 は「四字熟語」、送 は「送りがな」に関連したもの

赤シートをかけながらチェックしてみましょう

9	11	11 イ	7 ア
姻	逸	尉	亜
音 [イン]	音 [イツ]	音 [イ]	音 [ア]
おんなへん 女	しんにょう しんにゅう 辶	すん 寸	に 二
読 婚姻	書 散逸・逸する・逸話 読 秀逸・安逸・逸品・逸脱	読 大尉	書 亜熱帯・白亜・亜鉛 読 亜流

13 猿	15 謁	9 エ 疫	10 浦	10 ウ 畝	19 韻
訓[さる] 音[エン]	音[エツ]	音[エキ][ヤク高]	訓[うら]	訓[うね]	音[イン]
犭 けものへん	言 ごんべん	疒 やまいだれ	氵 さんずい	田 た	音 おと
書 猿芝居	読 拝謁・謁見	書 疫痢	読 浦風・浦	書 畝	書 脚韻
読 犬猿の仲・猿知恵・猿人・類人猿		読 防疫・免疫・悪疫・検疫			読 韻律・余韻・韻文

13 靴	13 禍	12 カ 渦	13 虞	10 翁	5 オ 凹
訓[くつ] 音[カ高]	音[カ]	訓[うず] 音[カ高]	訓[おそれ]	音[オウ]	音[オウ]
革 かわへん	礻 しめすへん	氵 さんずい	虍 とらがしら とらかんむり	羽 はね	凵 うけばこ
書 上靴・雨靴	書 惨禍	書 渦潮・渦巻く・渦中	読 大雨の虞	読 老翁	読 凹凸
読 靴擦れ・革靴・靴	読 禍根・災禍・惨禍				
	四 吉凶禍福・禍福得喪				

16 懐	8 拐	10 蚊	15 稼	14 寡
音[カイ] 訓[ふところ]高 [なつかしい]高 [なつかしむ]高 [なつく]高 [なつける]高	音[カイ]	訓[か]	音[カ]高 訓[かせ(ぐ)]	音[カ]
りっしんべん 忄	てへん 扌	むしへん 虫	のぎへん 禾	うかんむり 宀
読 懐古・懐石・本懐・懐柔 書 懐中 送 なつかしい ▼懐かしい	書 誘拐・拐帯	読 蚊柱 書 蚊	読 稼業 書 稼ぐ	読 寡黙・寡聞・寡少・多寡・寡占 書 寡欲

17 嚇	11 殻	10 核	9 垣	11 涯	8 劾
音[カク]	訓[から] 音[カク]	音[カク]	訓[かき]	音[ガイ]	音[ガイ]
くちへん 口	るまた ほこづくり 殳	きへん 木	つちへん 土	さんずい 氵	ちから 力
書 威嚇	読 地殻・甲殻・甲殻類 書 殻・卵殻	読 中核・結核 書 核心	読 垣根・人垣	読 境涯 書 生涯 四 天涯孤独	読 弾劾

5	17	13	11	11	9
且	**轄**	**褐**	**渇**	**喝**	**括**
訓[か(つ)]	音[カツ]	音[カツ]	音[カツ] 訓[かわ(く)高]	音[カツ]	音[カツ]
一 いち	車 くるまへん	ネ ころもへん	氵 さんずい	口 くちへん	扌 てへん
書 且つ	読 統轄・直轄・総轄・所轄 書 管轄	読 褐色	読 渇望 書 渇く	読 喝破・恐喝 書 一喝 四 大喝一声	読 概括・包括・括弧・総括・統括 書 一括

12	12	12	11	10	6
款	**棺**	**堪**	**患**	**陥**	**缶**
音[カン]	音[カン]	音[カン高] 訓[た(える)高]	音[カン] 訓[わずら(う)高]	音[カン] 訓[おちい(る)高][おとしい(れる)高]	音[カン]
欠 あくび かける	木 きへん	土 つちへん	心 こころ	阝 こざとへん	缶 ほとぎ
読 定款・落款・約款・借款	読 出棺・納棺	読 堪える・堪えない・堪忍	読 患部・大患 書 急患・疾患・患者	読 陥る・欠陥・陥落 書 陥没 送 おとしいれる▼陥れる	読 缶詰・製缶 書 缶

閑 [12]

音[カン]

もんがまえ 門

読 閑職・閑却・安閑・森閑・閑散・閑静・等閑視・繁閑
四 静寂閑雅・忙中有閑　書 閑

寛 [13]

音[カン]

うかんむり 宀

読 寛厳
書 寛大・寛容

憾 [16]

音[カン]

りっしんべん 忄

書 遺憾
四 遺憾千万

還 [16]

音[カン]

しんにょう・しんにゅう 辶

読 還付・召還・償還
書 還元・奪還・返還・生還・

艦 [21]

音[カン]

ふねへん 舟

読 艦艇・艦長
書 艦隊

頑 [13]

音[カン]

おおがい 頁

読 頑健・頑強・頑丈・頑とし
て・頑張る・頑是・頑迷
書 頑固　四 頑固一徹

飢 [10]

音[キ]　訓[う(える)]

しょくへん 食

書 飢餓
送 うえる▼飢える

宜 [8]

音[キ]

うかんむり 宀

読 適宜・時宜
書 便宜

偽 [11]

音[ギ]　訓[いつわ(る)][にせ]高

にんべん イ

読 偽証・偽装・偽善・偽り
書 真偽・偽造　虚偽・偽態
送 いつわる▼偽る

擬 [17]

音[ギ]

てへん 扌

書 擬人法
読 擬似・模擬・擬態・擬音

糾 [9]

音[キュウ]

いとへん 糸

読 紛糾・糾弾・糾明

窮 [15]

音[キュウ]　訓[きわ(める)][きわ(まる)]高高

あなかんむり 穴

読 窮迫・窮する・無窮・困窮・窮屈・窮乏
書 窮地
送 きわまる▼窮まる

キ

8	8	9	10	17	12
拒	享	挟	恭	矯	暁

拒 8
音[キョ] 訓[こば(む)]
扌てへん
読 拒絶
書 拒否
送 こばむ▼拒む

享 8
音[キョウ]
亠 なべぶた・けいさんかんむり
読 享楽・享年・享有
書 享受

挟 9
音[キョウ] 訓[はさ(む)高][はさ(まる)高]
扌てへん
読 挟まる・挟撃
書 挟む

恭 10
音[キョウ] 訓[うやうや(しい)高]
小したごころ
読 恭順
送 うやうやしい▼恭しい

矯 17
音[キョウ] 訓[た(める)高]
矢やへん
読 矯正
書 角を矯めて牛を殺す

暁 12
音[ギョウ高] 訓[あかつき]
日ひへん
読 暁・払暁・通暁

11	12	17	18	7	12 ク
菌	琴	謹	襟	吟	隅

菌 11
音[キン]
艹くさかんむり
読 細菌・滅菌・殺菌・抗菌・無菌
書 雑菌

琴 12
音[キン] 訓[こと]
王おう
読 木琴・琴線・琴
書 琴

謹 17
音[キン] 訓[つつし(む)]
言ごんべん
読 謹呈・謹厳・謹慎
書 謹む
四 謹厳実直

襟 18
音[キン]高 訓[えり]
衤ころもへん
読 襟足・襟首・襟章
書 襟・襟元

吟 7
音[ギン]
口くちへん
読 吟詠・吟醸・独吟
四 低唱微吟
書 吟味

隅 12 ク
音[グウ] 訓[すみ]
阝こざとへん
読 隅隅・部屋の隅
書 片隅

15	11	11	8 ケ	16	15
慶	蛍	渓	茎	薫	勲
音[ケイ]	訓[ほたる] 音[ケイ]	音[ケイ]	訓[くき] 音[ケイ]	訓[かお(る)] 音[クン]高	音[クン]
こころ 心	むし 虫	さんずい 氵	くさかんむり 艹	くさかんむり 艹	ちから 力
読 慶弔・ 同慶・ 慶事・ 内弁慶	書 読 蛍雪の功 蛍光灯・蛍・蛍光	書 読 渓流 渓谷	書 歯茎・茎・地下茎	読 薫る・薫風	読 叙勲・勲功・勲章・殊勲
18	18	17	13	13	13
顕	繭	謙	献	嫌	傑
音[ケン]	訓[まゆ] 音[ケン]高	音[ケン]	音[ケン] [コン]	訓[きら(う)] [いや] 音[ケン] [ゲン]	音[ケツ]
おおがい 頁	いと 糸	ごんべん 言	いぬ 犬	おんなへん 女	にんべん イ
書 読 顕著 顕在・露顕・顕示・顕彰	読 繭・繭玉・繭糸	書 読 謙虚 謙譲	書 読 献身・文献・献血・献呈 献金・貢献・献立	送 訓 音 いやがる▼嫌がる 嫌い・嫌う・嫌疑・機 毛嫌い・嫌味 書・嫌い	四 書 読 英俊豪傑 傑出 豪傑・俊傑・傑作・傑物

8	6	13	7 コ	8	20
肯	江	碁	呉	弦	懸
音[コウ]	訓[え] 音[コウ]	音[ゴ]	音[ゴ] コ	訓[つる] 音[ゲン]高	訓[かける][かかる] 音[ケン][ケ高]
にく 肉	さんずい シ	いし 石	くち 口	ゆみへん 弓	こころ 心
読 首肯 書 肯定	読 江戸・長江 書 入り江	読 囲碁・碁石・碁盤	書 呉服 四 呉越同舟	読 上弦・管弦 書 下弦 四 詩歌管弦	読 命懸け・懸賞・懸案 書 懸命 四 一所懸命

17	16	13	10	9	9
購	衡	溝	貢	洪	侯
音[コウ]	音[コウ]	訓[みぞ] 音[コウ]	訓[みつぐ高] 音[コウ][ク高]	音[コウ]	音[コウ]
かいへん 貝	ぎょうがまえ ゆきがまえ 行	さんずい シ	かい 貝	さんずい シ	にんべん イ
読 購読・購買 書 購入	書 均衡・平衡	読 海溝・下水溝 書 溝	書 貢献・年貢 送 みつぐ▼貢ぐ	読 洪積層 書 洪水	読 王侯・侯爵

15	13	8 シ	12	10	12
賜	嗣	肢	傘	桟	酢
訓[たまわ(る)]高 音[シ]高	音[シ]	音[シ]	訓[かさ] 音[サン]高	音[サン]	訓[す] 音[サク]
かいへん 貝	くち 口	にくづき 月	ひとやね 人	きへん 木	とりへん 酉
読 賜る・下賜	読 嫡嗣	読 下肢・四肢・選択肢・肢体	読 雨傘・傘下　書 傘	読 桟道・桟橋	読 酢酸・甘酢　書 酢豚・酢

17	10	11	14	14	19
爵	酌	蛇	遮	漆	璽
音[シャク]	訓[く(む)]高 音[シャク]	訓[へび] 音[ダ]	訓[さえぎ(る)] 音[シャ]	訓[うるし] 音[シツ]	音[ジ]
つめかんむり つめがしら 爫	とりへん 酉	むしへん 虫	しんにょう しんにゅう 辶	さんずい シ	たま 玉
読 爵位・伯爵・侯爵	読 酌量・媒酌・酌み交わす　書 晩酌　四 情状酌量	読 蛇・蛇行　書 蛇足・長蛇　四 竜頭蛇尾	読 遮断・遮光　送 さえぎる▶遮る　書 遮	読 漆塗り・漆器・漆黒　書 漆	読 御璽・国璽

13	13	9	5	16	10
酬	愁	臭	囚	儒	珠

珠（10）音[シュ] — 王 おうへん・たまへん — 読 珠玉・珠算・真珠

儒（16）音[ジュ] — イ にんべん — 読 儒教

囚（5）音[シュウ] — 口 くにがまえ — 読 幽囚・囚人

臭（9）訓[くさ(い)][にお(う)]　音[シュウ] — 自 みずから — 読 生臭い・臭気・泥臭い・体臭　書 消臭・異臭　四 無味無臭　送 くさい ▼臭い

愁（13）訓[うれ(える)]高[うれ(い)]高　音[シュウ] — 心 こころ — 読 憂愁・旅愁・哀愁・愁嘆　書 愁傷　書 郷愁　送 うれえる ▼愁える

酬（13）音[シュウ] — 酉 とりへん — 書 報酬　読 応酬

8	14	11	6	5	17
叔	銃	渋	充	汁	醜

叔（8）音[シュク] — 又 また — 読 叔母・叔父・伯叔

銃（14）音[ジュウ] — 金 かねへん — 読 猟銃・銃創・銃撃・銃口・小銃　書 銃声・銃弾

渋（11）訓[しぶ][しぶ(い)][しぶ(る)]　音[ジュウ] — シ さんずい — 読 渋皮・茶渋・苦渋・渋渋　書 渋い・難渋・渋滞　送 しぶる ▼渋る

充（6）訓[あ(てる)]高　音[ジュウ] — 儿 ひとあし・にんにょう — 読 充当・充満・補充・充てる　書 充実・拡充・充血　四 汗牛充棟

汁（5）訓[しる]　音[ジュウ] — シ さんずい — 読 汁・苦汁・墨汁・胆汁　書 果汁・汁粉　四 一汁一菜

醜（17）訓[みにく(い)]　音[シュウ] — 酉 とりへん — 読 醜態・美醜・醜聞　送 みにくい ▼醜い

10	10	9	14	11	11
殉	准	俊	塾	粛	淑
音[ジュン]	音[ジュン]	音[シュン]	音[ジュク]	音[シュク]	音[シュク]
かばね・いちたへん・がつへん 歹	にすい ン	にんべん イ	つち 土	ふでづくり 聿	さんずい シ
読 殉職・殉教	読 批准・准尉	四 英俊豪傑 読 俊足・俊傑・俊敏・俊才	読 私塾 書 塾	読 粛然・粛粛・自粛・粛清・粛正 書 厳粛・静粛 四 綱紀粛正	読 私淑・淑女

7	4	9	14	11	12
抄	升	叙	緒	庶	循
音[ショウ]	音[ショウ] 訓[ます]	音[ジョ]	音[ショ・チョ] 訓[お]	音[ショ]	音[ジュン]
てへん 扌	じゅう 十	また 又	いとへん 糸	まだれ 广	ぎょうにんべん イ
読 抄訳・抄本・抄録	読 升目・升席・一升	読 叙景・叙勲・叙述・叙情・自叙伝・叙する	読 鼻緒・内緒・一緒・勝って かぶとの緒を締めよ 四 異国情緒	読 庶民	読 循環器・因循 書 循環

11	10	10	10	8	7
渉	祥	症	宵	尚	肖
音[ショウ]	音[ショウ]	音[ショウ]	訓音[ショウ]高 [よい]	音[ショウ]	音[ショウ]
さんずい 氵	しめすへん ネ	やまいだれ 疒	うかんむり 宀	しょう ⺌	にく 肉
読 干渉・渉外 書 交渉 四 内政干渉	読 不祥事 書 発祥	読 軽症・感染症・症例・症状・症候群 書 炎症・発症	読 宵・宵宮・徹宵	読 高尚・尚早	読 不肖 書 肖像

14	13	12	12	12	11
彰	奨	詔	粧	硝	訟
音[ショウ]	音[ショウ]	訓音[ショウ] [みことのり]高	音[ショウ]	音[ショウ]	音[ショウ]
さんづくり 彡	だい 大	ごんべん 言	こめへん 米	いしへん 石	ごんべん 言
読 表彰・顕彰	読 推奨・勧奨・奨学金 書 奨励	読 詔勅・国会召集の詔	読 化粧	読 硝煙	書 訴訟

20	16	11	9	17	17
醸	壊	剰	浄	礁	償
音[ジョウ] 訓[かも(す)]高	音[ジョウ]	音[ジョウ]	音[ジョウ]	音[ショウ]	音[ショウ] 訓[つぐな(う)]
酉 とりへん	土 つちへん	リ りっとう	氵 さんずい	石 いしへん	イ にんべん
書 醸 読 吟醸・醸成・醸造	書 壊 土壌	書 余剰 読 剰余・過剰・剰余金・剰員	四 極楽浄土 書 浄水 読 自浄・浄財・洗浄・浄化	書 弁償 読 岩礁・暗礁・座礁	読 償却・有償・賠償・代償・無償・償還・弁償 価償却 送 つぐなう ▼償う 四 減

3	12	11	10	10	9
刃	診	紳	娠	唇	津
音[ジン]高 訓[は]	音[シン] 訓[み(る)]	音[シン]	音[シン]	音[シン]高 訓[くちびる]	音[シン]高 訓[つ]
刀 かたな	言 ごんべん	糸 いとへん	女 おんなへん	口 くち	氵 さんずい
書 刃 読 刃物・刃先・刃渡り	書 誤診・打診 読 診る・診療・受診・問診・休診・診察・診断	書 紳士	書 妊娠	書 唇 読 口唇	読 津波・興味津津

11	8	13	9 ス	9	6
崇	枢	睡	帥	甚	迅
音[スウ]	音[スウ]	音[スイ]	音[スイ]	訓 音[ジン]高 [はなは(だ)] [はなは(だしい)]	音[ジン]
やま 山	きへん 木	めへん 目	はば 巾	あまい 甘	しんにゅう しんにょう 辶
読 崇拝 すうはい 崇敬 すうけい 書 崇高 すうこう	読 中枢 ちゅうすう 書 枢要 すうよう	読 睡魔 すいま 書 睡眠 すいみん・熟睡 じゅくすい・一睡 いっすい	読 総帥 そうすい	読 甚だ はなはだ・甚大 じんだい 書 甚だしい はなはだ	書 迅速 じんそく 四 疾風迅雷 しっぷうじんらい・迅速果断 じんそくかだん

8	14	10	8 セ	7	11
析	誓	逝	斉	杉	据
音[セキ]	訓 音[セイ] [ちか(う)]	訓 音[セイ] [ゆ(く)]高 [い(く)]高	音[セイ]	訓[すぎ]	訓[す(える)] [す(わる)]
きへん 木	げん 言	しんにょう しんにゅう 辶	せい 斉	きへん 木	てへん 扌
読 解析 かいせき・透析 とうせき・分析 ぶんせき	読 誓約 せいやく 書 宣誓 せんせい・誓う ちかう・誓い ちかい	読 急逝 きゅうせい・逝去 せいきょ 送 ゆく▼逝く	読 斉唱 せいしょう 書 一斉 いっせい	読 杉並木 すぎなみき・杉 すぎ・縄文杉 じょうもんすぎ	読 見据える みすえる・据わる すわる 送 すえる▼据える

配当漢字表

13	11	10	5	9	8
践	旋	栓	仙	窃	拙
音[セン]	音[セン]	音[セン]	音[セン]	音[セツ]	訓 つたな(い)／音[セツ]
足 あしへん	方 ほうへん・かたへん	木 きへん	イ にんべん	穴 あなかんむり	扌 てへん
書 実践	書 旋風／読 旋律・旋回・周旋	書 栓をする／読 耳栓・消火栓	読 仙境・仙薬	読 窃盗	読 巧拙・拙劣・稚拙・拙速・／四 巧遅拙速

ソ

10	14	13	17	16	15
租	漸	禅	繊	薦	遷
音[ソ]	音[ゼン]	音[ゼン]	音[セン]	訓 すす(める)／音[セン]	音[セン]
禾 のぎへん	氵 さんずい	ネ しめすへん	糸 いとへん	サ くさかんむり	辶 しんにょう・しんにゅう
書 免租・租税／読 租借	読 漸進・漸次・漸増	読 座禅・禅問答・禅宗・禅譲	書 繊細／読 繊維	書 薦める／読 自薦・推薦・他薦	書 左遷／読 変遷・遷都

10	10	9	6	13	12
挿	捜	荘	壮	塑	疎
音［ソウ］ 訓［さ(す)］	音［ソウ］ 訓［さが(す)］	音［ソウ］	音［ソウ］	音［ソ］	音［ソ］ 訓［うと(い)］ ［うと(む)］高高
扌 てへん	扌 てへん	艹 くさかんむり	士 さむらい	土 つち	疋 ひきへん
読 挿す・挿入・挿絵・挿話	読 捜す 書 捜査・捜索	読 山荘・別荘・荘重	読 壮観・壮行・壮健・悲壮・勇壮・壮麗 壮絶 書 壮大・壮 四 少壮気鋭・気宇壮大	読 彫塑・塑像・可塑	読 空疎・疎略・疎遠・疎開 書 過疎・疎外・疎通 四 意思疎通・内疎外親

7 夕	19	17	15	12	11
妥	藻	霜	槽	喪	曹
音［ダ］	音［ソウ］ 訓［も］	音［ソウ］高 訓［しも］	音［ソウ］	音［ソウ］ 訓［も］	音［ソウ］
女 おんな	艹 くさかんむり	雨 あめかんむり	木 きへん	口 くち	曰 いわく
読 妥当 書 妥協 四 普遍妥当	読 海藻 書 藻	読 霜・初霜・霜害 書 霜柱・霜焼け・霜降り	書 水槽・浴槽	読 喪中・喪失・喪心・阻喪 書 喪に服す 四 禍福得喪	読 重曹・法曹界

［巻末27］

333

ページ内容

7	17	10	14	12	12
但	濯	泰	駄	惰	堕
訓［ただ（し）］	音［タク］	音［タイ］	音［ダ］	音［ダ］	音［ダ］
イ にんべん	シ さんずい	水 したみず	馬 うまへん	忄 りっしんべん	土 つち
書 但し書き	書 洗濯	読 泰然・安泰・泰斗　四 泰然自若・天下泰平	読 駄文・駄弁・駄作・駄菓子　書 駄賃	読 惰眠・惰弱・怠惰・惰力・惰性・遊惰	読 堕落・堕する　四 腐敗堕落

9	14	10	10	13　チ	12
衷	嫡	秩	逐	痴	棚
音［チュウ］	音［チャク］	音［チツ］	音［チク］	音［チ］	訓［たな］
衣 ころも	女 おんなへん	禾 のぎへん	辶 しんにょう・しんにゅう	疒 やまいだれ	木 きへん
読 和衷・苦衷・衷心　四 折衷・和洋折衷・和衷協同	読 嫡嗣	書 秩序　四 安寧秩序	書 逐次・逐語訳・放逐・駆逐	読 痴態・愚痴　書 音痴	読 棚田・戸棚・棚卸し　書 網棚・棚上げ・棚

9	18	11	11	9	4
勅	懲	釣	眺	挑	弔

勅（9）
音［チョク］
ちから　力
読　勅願（ちょくがん）・勅使（ちょくし）・詔勅（しょうちょく）

懲（18）
音［チョウ］　訓［こ（りる）］［こ（らす）］［こ（らしめる）］
こころ　心
読　懲戒（ちょうかい）・懲罰（ちょうばつ）・性懲り（しょうこり）・懲役（ちょうえき）
書　懲りる・懲らしめる・懲らす
四　勧善懲悪（かんぜんちょうあく）

釣（11）
音［チョウ］高　訓［つ（る）］
かねへん　金
読　釣果（ちょうか）
書　釣る・釣り

眺（11）
音［チョウ］　訓［なが（める）］
めへん　目
書　眺望（ちょうぼう）
四　眺望絶佳（ちょうぼうぜっか）
送　ながめる▼眺める

挑（9）
音［チョウ］　訓［いど（む）］
てへん　扌
書　挑戦（ちょうせん）・挑発（ちょうはつ）
送　いどむ▼挑む

弔（4）
音［チョウ］　訓［とむら（う）］
ゆみ　弓
読　慶弔（けいちょう）・弔慰（ちょうい）・弔い（とむらい）・弔電（ちょうでん）
書　弔う

7	7 テ	8	14	12 ツ	10
廷	呈	坪	漬	塚	朕

廷（7）
音［テイ］
えんにょう　廴
読　宮廷（きゅうてい）・出廷（しゅってい）

呈（7）
音［テイ］
くち　口
読　露呈（ろてい）・謹呈（きんてい）・進呈（しんてい）・献呈（けんてい）
書　贈呈（ぞうてい）

坪（8）
訓［つぼ］
つちへん　土
書　建坪（たてつぼ）・坪庭（つぼにわ）

漬（14）
訓［つ（ける）］［つ（かる）］
さんずい　氵
読　漬かる（つかる）
書　茶漬け（ちゃづけ）・塩漬け（しおづけ）
送　つける▼漬ける

塚（12）
訓［つか］
つちへん　土
読　塚（つか）・一里塚（いちりづか）
書　貝塚（かいづか）

朕（10）
音［チン］
つきへん　月
読　朕は国家なり（ちんはこっかなり）

13	11	10	9	9	8
艇	偵	逓	貞	亭	邸
音[テイ]	音[テイ]	音[テイ]	音[テイ]	音[テイ]	音[テイ]
舟 ふねへん	イ にんべん	辶 しんにょう しんにゅう	貝 こがい	亠 なべぶた けいさんかんむり	阝 おおざと
読 艦艇(かんてい)・競艇(きょうてい)	読 密偵(みってい)・内偵(ないてい) 書 探偵(たんてい)・偵察(ていさつ)	読 逓減(ていげん)・逓増(ていぞう)	読 貞淑(ていしゅく)	読 亭主(ていしゅ) 書 料亭(りょうてい)	読 別邸(べってい)・邸内(ていない) 書 豪邸(ごうてい)・官邸(かんてい)・邸宅(ていたく)

12	11 ト	15	15	8	8
搭	悼	撤	徹	迭	泥
音[トウ]	訓[いた(む)]高 音[トウ]	音[テツ]	音[テツ]	音[テツ]	訓[どろ] 音[テイ]高
扌 てへん	忄 りっしんべん	扌 てへん	彳 ぎょうにんべん	辶 しんにょう しんにゅう	氵 さんずい
読 搭載(とうさい) 書 搭乗(とうじょう)	読 哀悼(あいとう)・追悼(ついとう)	読 撤収(てっしゅう)・撤去(てっきょ) 書 撤廃(てっぱい)・撤回(てっかい)	読 貫徹(かんてつ)・徹する(てっする)・冷徹(れいてつ)・徹底(てってい)・徹夜(てつや) 書 徹底(てってい)・初志貫徹(しょしかんてつ)・頑固一徹(がんこいってつ)・徹底抗戦(てっていこうせん) 四 徹頭徹尾(てっとうてつび)・周知徹底(しゅうちてってい)	読 更迭(こうてつ)	読 泥(どろ)・泥臭い(どろくさい)・泥縄(どろなわ)・泥酔(でいすい) 書 泥沼(どろぬま)

13	9	20	17	12	12
督	洞	騰	謄	筒	棟

督 音[トク]／め 目／書 督促／読 監督・督励（かんとく・とくれい）

洞 訓[ほら] 音[ドウ]／さんずい 氵／書 洞察（どうさつ）／読 洞・空洞・洞穴（ほら・くうどう・どうけつ／ほらあな）

騰 音[トウ]／うま 馬／書 急騰・暴騰（きゅうとう・ぼうとう）／読 騰貴・高騰・沸騰（とうき・こうとう・ふっとう）

謄 音[トウ]／げん 言／読 謄本（とうほん）

筒 訓[つつ] 音[トウ]／たけかんむり ⺮／書 筒先・筒（つつさき・つつ）／読 筒抜け・水筒・封筒（つつぬけ・すいとう・ふうとう）

棟 訓[むね][むな高] 音[トウ]／きへん 木／書 別棟・病棟・棟上げ（べつむね・びょうとう・むねあげ）／四 汗牛充棟（かんぎゅうじゅうとう）

7	7	5 **ニ**	11 **ナ**	4	5
忍	妊	尼	軟	屯	凸

忍 訓[しの(ぶ)][しの(ばせる)] 音[ニン]／こころ 心／送 しのぶ▼忍ぶ／四 隠忍自重・堅忍不抜（いんにんじちょう・けんにんふばつ）／書 忍耐（にんたい）／読 残忍・忍苦（ざんにん・にんく）

妊 音[ニン]／おんなへん 女／書 妊娠（にんしん）／読 妊婦（にんぷ）

尼 訓[あま高] 音[ニ]／しかばね・かばね 尸／書 尼・尼僧（あま・にそう）

軟 訓[やわ(らか)][やわ(らかい)] 音[ナン]／くるまへん 車／書 柔軟（じゅうなん）／禁／読 軟らかい・硬軟・軟化・軟（やわらかい・こうなん・なんか・なん）

屯 音[トン]／てつ 屮／読 駐屯（ちゅうとん）

凸 音[トツ]／うけばこ 凵／読 凹凸・凸版（おうとつ・とっぱん）

12	11	12	19 ハ	7 ハ	14 ネ
媒	培	廃	覇	把	寧
音[バイ]	訓[つちか(う)]高 音[バイ]	訓[すた(れる)][すた(る)] 音[ハイ]	音[ハ]	音[ハ]	音[ネイ]
女 おんなへん	土 つちへん	广 まだれ	西 おおいかんむり	扌 てへん	宀 うかんむり
読 媒介・触媒・媒体・媒酌	送 つちかう▶培う 読 培養・栽培	読 興廃・全廃・荒廃・廃屋・廃刊・廃絶・廃坑 書 廃棄・撤廃・廃材 送 すたれる▶廃れる	読 覇者・連覇・争覇・覇権・制覇・覇気 四 全国制覇	読 大雑把 書 把握	読 安寧・丁寧 四 安寧秩序・懇切丁寧

13	6	13	11	7	15
鉢	肌	漠	舶	伯	賠
音[ハチ][ハツ]高	訓[はだ]	音[バク]	音[ハク]	音[ハク]	音[バイ]
金 かねへん	月 にくづき	氵 さんずい	舟 ふねへん	亻 にんべん	貝 かいへん
読 鉢巻き・火鉢・鉢	読 肌合い・山肌・肌着・肌荒れ・鳥肌・柔肌・素肌 書 肌・一肌	読 広漠・空漠・漠然	書 船舶	読 伯爵・画伯・伯父 書 伯仲 四 勢力伯仲	読 賠償

12	8	6 ヒ	13	13	14
扉	披	妃	頒	煩	閥
音[ヒ]高 訓[とびら]	音[ヒ]	音[ヒ]	音[ハン]	音[ハン][ボン]高 訓[わずら(う)][わずら(わす)]	音[バツ]
戸 とだれ とかんむり	扌 てへん	女 おんなへん	頁 おおがい	火 ひへん	門 もんがまえ
読 扉絵・扉・開扉	読 披見 書 披露 四 襲名披露・披露	読 妃殿下 書 王妃	読 頒価・頒布	読 煩わす・煩忙・煩う・煩 雑・煩悩 書 煩わしい	読 財閥・学閥 書 派閥

7 フ	11	17	15	11	15
扶	瓶	頻	賓	猫	罷
音[フ]	音[ビン]	音[ヒン]	音[ヒン]	音[ビョウ]高 訓[ねこ]	音[ヒ]
扌 てへん	瓦 かわら	頁 おおがい	貝 こがい	犭 けものへん	罒 あみがしら あみめ よこめ
読 扶助 書 扶養 四 相互扶助	読 鉄瓶・瓶詰 書 花瓶	読 頻出・頻発・頻度・頻繁	読 貴賓・来賓 書 国賓・主賓	読 猫舌・猫背・愛猫 書 猫	読 罷免・罷業

15	12	8	8	19	8
憤	雰	沸	侮	譜	附

憤（15）
音[フン]　訓[いきどお(る)]高
りっしんべん　忄
読 憤激・憤慨・憤然・発憤・義憤

雰（12）
音[フン]
あめかんむり　雨
書 雰囲気

沸（8）
音[フツ]　訓[わ(く)][わ(かす)]
さんずい　氵
書 沸く・沸かす
読 沸沸・沸点・沸騰

侮（8）
音[ブ]　訓[あなど(る)]高
にんべん　イ
読 軽侮・侮辱

譜（19）
音[フ]
ごんべん　言
読 系譜・採譜・年譜・棋譜
書 譜面・楽譜

附（8）
音[フ]
こざとへん　阝
読 附属
四 附和雷同

11	15	15	12	8	5
偏	弊	幣	塀	併	丙

偏（11）
音[ヘン]　訓[かたよ(る)]
にんべん　イ
読 偏る・偏屈・偏向・偏重・偏在・偏見・偏食
書 偏在
四 不偏不党

弊（15）
音[ヘイ]
にじゅうあし・こまぬき　廾
読 弊社・弊害・疲弊・旧弊・語弊・悪弊・宿弊
四 弊衣破帽

幣（15）
音[ヘイ]
はば　巾
読 紙幣・造幣

塀（12）
音[ヘイ]
つちへん　土
読 塀・板塀・土塀

併（8）
音[ヘイ]　訓[あわ(せる)]
にんべん　イ
書 併せる
読 併読・併記・併設・併用・併発・併願・合併

丙（5）
音[ヘイ]
いち　一
読 甲乙丙丁

紡
訓 [つむ(ぐ)]高　音 [ボウ]
糸 いとへん
読 混紡・紡績・紡錘・紡ぐ

剖
音 [ボウ]
リ りっとう
読 解剖

褒
訓 [ほ(める)]　音 [ホウ]高
衣 ころも
読 褒める・褒美

俸
音 [ホウ]
イ にんべん
書 俸　読 減俸・年俸

泡
訓 [あわ]　音 [ホウ]
氵 さんずい
書 泡・発泡　読 一泡・気泡・泡立ち

遍
音 [ヘン]
辶 しんにょう
読 遍路・満遍ない・遍歴　四 普遍妥当

麻
訓 [あさ]　音 [マ]
麻 あさ
読 麻酔・麻薬・麻　書 麻薬　四 快刀乱麻

奔
音 [ホン]
大 だい
読 狂奔・奔走　書 奔放・奔走　四 東奔西走・自由奔放

堀
訓 [ほり]
土 つちへん
読 堀端　書 堀

撲
音 [ボク]
扌 てへん
読 相撲・撲滅　書 打撲

僕
音 [ボク]
イ にんべん
読 公僕

朴
音 [ボク]
木 きへん
読 質朴・純朴・素朴

上段(右から左)

15	16	8 ミ	8	14 メ	6 モ
摩	磨	岬	抹	銘	妄

摩 15
音[マ]
て 手
読 摩滅・摩天楼・摩耗・摩擦

磨 16
訓音[マ] みが(く)
いし 石
送 みがく ▼磨く
四 百戦錬磨
読 磨耗・研磨・錬磨

岬 8 ミ
訓[みさき]
やまへん 山
書 岬

抹 8
音[マツ]
てへん 扌
書 抹茶・抹消
読 一抹・抹殺

銘 14 メ
音[メイ]
かねへん 金
読 銘菓・銘打つ・感銘・銘
書 銘ずる・銘
四 正真正銘
柄 銘じる

妄 6 モ
音[モウ][ボウ]高
おんな 女
読 迷妄
四 誇大妄想・軽挙妄動・被害妄想

下段(右から左)

8	10	4 ヤ	12 ユ	16	18
盲	耗	厄	愉	諭	癒

盲 8
音[モウ]
め 目
書 盲導犬
読 盲従・盲点

耗 10
音[モウ][コウ]高
すきへん らいすき 耒
書 消耗
読 磨耗・摩耗

厄 4 ヤ
音[ヤク]
がんだれ 厂
書 厄年・厄日
読 厄介

愉 12 ユ
音[ユ]
りっしんべん 忄
書 愉快
読 愉悦

諭 16
訓音[ユ] さと(す)
ごんべん 言
書 諭す
読 教諭・説諭・諭旨

癒 18
訓音[ユ] い(える) い(やす)
やまいだれ 疒
書 治癒
読 癒着・平癒・快癒

唯 [イ] [ユイ高]
くちへん 口
- 読 唯美 ゆいび・唯一 ゆいいつ
- 書 唯一 ゆいいつ
- 四 唯唯諾諾 いいだくだく

悠 [ユウ]
こころ 心
- 読 悠長 ゆうちょう・悠悠 ゆうゆう・悠然 ゆうぜん
- 書 悠久 ゆうきゅう
- 四 悠悠自適 ゆうゆうじてき

猶 [ユウ]
けものへん 犭
- 読 猶予 ゆうよ
- 四 執行猶予 しっこうゆうよ

裕 [ユウ]
ころもへん ネ
- 読 富裕 ふゆう・裕福 ゆうふく・余裕 よゆう

融 [ユウ]
むし 虫
- 読 融和 ゆうわ・融合 ゆうごう・金融 きんゆう
- 書 融資 ゆうし・融通 ゆうずう・融解 ゆうかい

庸 [ヨウ]
まだれ 广
- 読 凡庸 ぼんよう・中庸 ちゅうよう

柳 [リュウ] [やなぎ]
きへん 木
- 読 川柳 せんりゅう
- 書 柳 やなぎ

履 [リ] [は（く）]
しかばね 尸
- 読 履修 りしゅう・履行 りこう・履物 はきもの・草履 ぞうり
- 書 履歴 りれき・履く はく

痢 [リ]
やまいだれ 疒
- 読 下痢 げり
- 書 赤痢 せきり・疫痢 えきり

酪 [ラク]
とりへん 酉
- 書 酪農 らくのう

羅 [ラ]
あみがしら・あみめ・よこめ 罒
- 読 網羅 もうら・甲羅 こうら・羅針盤 らしんばん
- 書 羅列 られつ
- 四 森羅万象 しんらばんしょう

窯 [ヨウ高] [かま]
あなかんむり 穴
- 読 窯 かま・窯元 かまもと・窯出し かまだし・石窯 いしがま
- 書 窯業 ようぎょう

15	14	11	13	12	10
寮	僚	涼	虜	硫	竜
音[リョウ]	音[リョウ]	訓音[リョウ][すず(しい)][すず(む)]	音[リョ]	音[リュウ]	訓音[リュウ][たつ]
うかんむり 宀	にんべん イ	さんずい シ	とらがしら とらかんむり 虍	いしへん 石	りゅう 竜
書 寮　読 入寮・寮生・寮母	書 官僚　読 同僚・閣僚	読 荒涼・涼む・涼・夕涼み・秋涼・涼感・涼秋 清涼　送 すずしい ▼涼しい　書 納涼	読 捕虜	書 硫酸　読 硫黄	読 竜宮・竜神　書 竜巻・登竜門・恐竜　四 竜頭蛇尾

13 ワ	13	7 レ	12	11 ル	10
賄	鈴	戻	塁	累	倫
音訓[ワイ][まかな(う)]	訓音[レイ][リン][すず]	訓音[レイ][もど(す)][もど(る)]高	音[ルイ]	音[ルイ]	音[リン]
かいへん 貝	かねへん 金	とだれ とかんむり 戸	つち 土	いと 糸	にんべん イ
読 贈賄・収賄・賄賂　送 まかなう ▼賄う	読 鈴虫・風鈴・予鈴・鈴　書 鈴	読 後戻り・返戻　書 戻す・戻る	読 孤塁・土塁・塁審	書 係累・累積　読 累計	読 人倫・倫理　書 倫理　四 精力絶倫

8

枠

訓 [わく]

木
きへん

読 書
大枠（おおわく）・窓枠（まどわく）・別枠（べつわく）
枠（わく）・枠組み（わくぐみ）

試験に出る四字熟語

四字熟語の問題では、四字の漢字の中の一字が問われます。どの漢字を問われても答えられるようにしっかりと覚えましょう。

四字熟語	意味
暗中模索（あんちゅうもさく）	手がかりなしにいろいろやってみること。「模索」は「摸索」とも書く。
暗雲低迷（あんうんていめい）	前途多難な状態が続くこと。また、雲が低くたれこめ、なかなか晴れそうにないこと。
悪口雑言（あっこうぞうごん）	口にまかせていろいろ悪口を言うこと。
悪逆無道（あくぎゃくむどう）	人として行う道に、はなはだしくそむいた、悪い行い。「無道」は「ぶどう」「ぶとう」とも読む。類語に「極悪非道」がある。
青息吐息（あおいきといき）	心配や苦労のあまり心身ともに弱ったときに吐くため息。また、ため息の出るような状態。
愛別離苦（あいべつりく）	親子、兄弟、夫婦など、愛する人との別れのつらさ、悲しさ。
安寧秩序（あんねいちつじょ）	世の中が平穏で、秩序が保たれていること。
遺憾千万（いかんせんばん）	大変残念なこと。非常に心残り。「遺憾」は憾みを遺す意。類語に「残念至極」がある。
意気消沈（いきしょうちん）	元気がなくしょげ返っていること。失望してがっかりしていること。
意気投合（いきとうごう）	心持ちが互いにぴったりと合い、一つになること。
異口同音（いくどうおん）	「異口」は「いこう」とも読む。大勢の人が口をそろえて同じことを言う。意見が一致する。
異国情緒（いこくじょうちょ）	外国風の趣や雰囲気。「異国情調」とも言う。（情緒）を「じょうちょ」と読むのは慣用で、正式には「じょうしょ」
意志堅固（いしけんご）	考えや志がしっかりしていること。
意思疎通（いしそつう）	互いに考えていることを伝え合うことで、相手の考えを理解し認識を共有すること。
意志薄弱（いしはくじゃく）	意志の力が弱く、忍耐や決断ができないこと。類語に「優柔不断」がある。

医食同源 いしょくどうげん	威信回復 いしんかいふく	以心伝心 いしんでんしん	異端邪説 いたんじゃせつ	一意専心 いちいせんしん	一衣帯水 いちいたいすい	一言半句 いちごんはんく	一日千秋 いちじつせんしゅう	一汁一菜 いちじゅういっさい
ふだんの食事に気を配ることが、病気を予防するための最もよい策であるということ。「同源」は、もとが同じ意。	威厳や信望を取り戻すこと。	考えや思っていることが言葉を使わずに、互いの心から心に伝わること。	正統からはずれた意見や立場。	わき目もふらずに一つのことに熱心になること。	とても近しいことのたとえ。一筋の帯のような、細くて長い川のこと。また、そのような川を隔てて接していること。	ほんのわずかな言葉。類語に「片言隻句」などがある。「一言」は「いちげん」とも読む。	非常に待ち遠しく思うことのたとえ。たった一日が千年のように長く思われる意。類語に「一日三秋」がある。	汁物一品と、おかず一品。質素な食事のたとえ。

一読三嘆 いちどくさんたん	一念発起 いちねんほっき	一罰百戒 いちばつひゃっかい	一望千里 いちぼうせんり	一網打尽 いちもうだじん	一利一害 いちりいちがい	一喜一憂 いっきいちゆう	一挙両得 いっきょりょうとく
名文を褒め称える言葉。何度読んでも感嘆するような名文のこと。	あることを成し遂げようと心に決めること。	一人を罰することで、他の大勢が同じような罪を犯さないように戒めること。	非常に見晴らしがよいこと。ひと目で遠くまで見晴らせること。	網を一打ちしてその周辺にいる魚を残らずとらえること。転じて、一度に悪党の一味や敵対する者すべてをとらえつくすこと。	利益があるかわりに害もあること。よいことと悪いことの両方があること。	状況の変化によって、そのつど喜んだり、心配したりすること。	一つのことをするだけで、二つの利益をあげること。「一挙」は一つの動作、一回の行動。類語に「一石二鳥」がある。

四字熟語	意味
一国一城 （いっこくいちじょう）	一つの国と一つの城のこと。また、江戸時代に一つの国に城は一つと定められたこと。
一刻千金 （いっこくせんきん）	わずかなひとときが、千金の値打ちがあるくらい貴重であること。
一唱三嘆 （いっしょうさんたん）	詩の出来を褒め称える言葉。一度詩を読み上げれば何度も感心する意。「一唱」は「一倡」、「三嘆」は「三歎」とも書く。
一触即発 （いっしょくそくはつ）	互いににらみ合って対立している勢力が、ちょっとふれ合うだけで爆発しそうな、非常に切迫している状態。類語に「危機一髪」がある。
一所懸命 （いっしょけんめい）	物事に真剣に取り組むこと。懸命に努力すること。類語に「一生懸命」がある。
一心同体 （いっしんどうたい）	異なるものが一つになること。また、複数の人が心を一つにして、一人の人間のように固く結びつくこと。
一致団結 （いっちだんけつ）	多くの人が一つの目的のためにまとまること。
一知半解 （いっちはんかい）	あることを知ってはいても、理解は半分であること。生半可な知識のこと。
一朝一夕 （いっちょういっせき）	一日か一晩。転じて、短いとき。
威風堂堂 （いふうどうどう）	重々しくどっしりと威力に満ちているようす。
意味深長 （いみしんちょう）	人の行動や言葉、詩文などの意味が深く、ふくみがあること。
隠忍自重 （いんにんじちょう）	じっと我慢して軽々しい言動を慎むこと。
有為転変 （ういてんぺん）	この世の中は常に移り変わり、一定の状態にないこと。この世が無常ではかないことのたとえ。「転変」は「てんぺん」「てんでん」とも読む。
右往左往 （うおうさおう）	慌ててどうしたらよいのかわからずあっちへ行ったりこっちへ行ったりすること。
雲散霧消 （うんさんむしょう）	雲や霧が消えうせるように、物事が一時にあとかたもなく消えること。
有象無象 （うぞうむぞう）	形のあるものとないもの全てのこと。転じて、数は多いが種々雑多でくだらないもののこと。
栄枯盛衰 （えいこせいすい）	人や家が栄えたり衰えたりすること。
英俊豪傑 （えいしゅんごうけつ）	人並みはずれて優れた人物。

得手勝手（えてかって）	遠交近攻（えんこうきんこう）	円転滑脱（えんてんかつだつ）	延命息災（えんめいそくさい）	汚名返上（おめいへんじょう）	温厚篤実（おんこうとくじつ）	音吐朗朗（おんとろうろう）	開口一番（かいこういちばん）	外柔内剛（がいじゅうないごう）
他人のことは考えず、自分に都合のよいように行動すること。また、そのさま。わがまま。	遠くの国と仲良くし、近くの国を挟み撃ちして攻める策。	なめらかで、よく変化して自由自在なこと。物事がすらすらと運び、とどこおらないこと。	命をのばして災いを取り去る。「息災」は災いをとめる。「息」はやむ、終わらせるの意。「延命」は「えんみょう」とも読む。類語に「無病息災」「無事息災」がある。	着せられた汚名をそそいで、名誉を回復すること。	短気を起こさず、いつも心が安定しており、誠実で信頼するに足る人柄。	声などが豊かでさわやかなこと。	口を開いてしゃべるやいなや。口を開いて一番最初に。	外見は物柔らかに見えるが、実際はしんが強くしっかりしていること。対語に「内柔外剛」がある。

快刀乱麻（かいとうらんま）	佳人薄命（かじんはくめい）	活殺自在（かっさつじざい）	我田引水（がでんいんすい）	歌舞音曲（かぶおんぎょく）	禍福得喪（かふくとくそう）	夏炉冬扇（かろとうせん）	緩急自在（かんきゅうじざい）	汗牛充棟（かんぎゅうじゅうとう）
「快刀、乱麻を断つ」の略。紛糾して解決の糸口を見失った物事をてきぱきと手ぎわよく処理すること。	美人には不幸な者や短命な者が多い。「佳人」は美人。類語に「美人薄命」がある。	他人を自分の思いどおりに扱うこと。	自分の田へ水を引くこと。転じて、自分の都合のよいように言ったり、したりすること。	音と踊りと音楽のこと。華やかな遊芸の総称。	不幸や幸せ、成功や失敗があること。	時節に合わず役に立たないもの。類語に「十日の菊、六日の菖蒲（しょうぶ）」がある。	緩めたり引き締めたり、思いのままにすること。	蔵書が非常に多いこと。また、多くの蔵書。牛車に乗せて運ぶと牛が汗をかき、家に積み重ねると棟がつかえるほど一杯になるという意味。

頑固一徹	換骨奪胎	疑心暗鬼
強情で周りの意見に耳を貸さず、自分の意見を押し通すこと。また、そのような性格。	骨を取り換え子の宿るところを奪う意から、先人の発想や趣旨を取り入れ、自分なりの表現を加えて新たな作品を作ること。現在では誤用が慣用化し、内容を少し変えただけの焼き直しの意味に用いられる。	疑う心があると、なんでもないことまで怪しく感じられるようになること。

換骨奪胎	奇想天外
	普通の人には思いつかないような、きわめて奇抜な考え。

冠婚葬祭	奇怪千万
元服、婚礼、葬儀、祖先の祭祀（祭り）、の四大礼式のこと。	通常と変わっていて不気味。また、まったくけしからんこと。「奇怪」は「きかい」とも読む。「千万」は程度がはなはだしい。

勧善懲悪	吉凶禍福
善行を勧め励まし、悪事を懲らしめること。略して「勧懲」という。	幸福とわざわい。

完全無欠	喜怒哀楽
欠点がまったくないこと。完ぺきな様子。	喜び、怒り、哀しみ、楽しみのこと。

気宇壮大	鬼面仏心
心構えや度量が非常に大きいさま。	外見は鬼のような怖い顔をしているが、本当は仏のような優しい心を持っていること。また、そのような人。対語に「人面獣心」がある。

気炎万丈	脚下照顧
炎が燃え上がるように、大いに意気を上げること。「万丈」は非常に高く上がること。	他に対して理屈を言う前に自分の足もとをよく見ること。自己反省を促す意で用いられる。

危機一髪	旧態依然
髪の毛一本ほどのほんのわずかな違いで、非常に危険な状態になりそうな瞬間、状況。	昔からの状態がそのまま続いて少しも変化、進歩しないさま。類語に「十年一日」がある。

喜色満面	狂喜乱舞
顔いっぱいに喜びの表情が表れていること。	非常に喜ぶさま。

見出し	意味
驚天動地（きょうてんどうち）	天を驚かし、地を動かす意で、世間を大いに驚かすこと。
興味本位（きょうみほんい）	判断の基準を、おもしろいかどうかということだけにすること。
玉石混交（ぎょくせきこんこう）	すぐれたものと劣ったものが入り混じっていること。
機略縦横（きりゃくじゅうおう）	その時その時の状況に応じたはかりごと。
金科玉条（きんかぎょくじょう）	金や玉のように大切な法律。一番重要な規則。
謹厳実直（きんげんじっちょく）	慎み深く、誠実なこと。
勤倹力行（きんけんりっこう）	まじめに働き、倹約し、精一杯努力をすること。
金城鉄壁（きんじょうてっぺき）	金や鉄で造ったような城壁を持つ堅固な城。物事が非常に堅固であることのたとえ。
金城湯池（きんじょうとうち）	きわめて守りの堅固な城と堀。「湯池」は熱湯をたたえた堀の意。転じて、攻めるのが難しいほどに守りが固いこと。類語に「金城鉄壁」「難攻不落」がある。
金殿玉楼（きんでんぎょくろう）	非常にきれいで豪華な建物のこと。
空中楼閣（くうちゅうのろうかく）	空中に築いた立派な建物。元は「しんきろう」の意。根拠のない物事や現実性のないこと。
空理空論（くうりくうろん）	実際の状態からはかけ離れていて、実際には役に立たない考えのこと。
群雄割拠（ぐんゆうかっきょ）	多くの英雄が各地で勢力を張り、対立すること。
鯨飲馬食（げいいんばしょく）	鯨が海水を吸い込むようにたくさん酒を飲み、馬が草をはむようにたくさん食べること。類語に「牛飲馬食」「暴飲暴食」がある。
軽挙妄動（けいきょもうどう）	よく考えもせず軽はずみに行動すること。軽率な行動。
鶏口牛後（けいこうぎゅうご）	「鶏口となるも牛後となるなかれ」と同じ。大きなものの後ろにつくよりは、小さなものの頭になるべきだという意。「牛後」は牛のしり。
軽薄短小（けいはくたんしょう）	うすっぺらで中身のないさま。
月下氷人（げっかひょうじん）	男女の仲をとりもつ人。仲人。媒酌人。

四字熟語	意味
言行一致（げんこういっち）	言葉と行動が食い違わないこと。類語に「有言実行」がある。
厳正中立（げんせいちゅうりつ）	かたよらず中立の立場を守ること。
堅忍不抜（けんにんふばつ）	困難に負けず我慢強く耐えること。類語に「志操堅固」がある。
権謀術数（けんぼうじゅっすう）	巧みに人をあざむくはかりごとやたくらみのこと。
厚顔無恥（こうがんむち）	あつかましくて恥知らずなさま。
綱紀粛正（こうきしゅくせい）	国の規律を引き締め、政治の不正を除くこと。また、規律を厳しく正すこと。
好機到来（こうきとうらい）	ちょうどよい機会がくること。絶好の機会に恵まれること。
恒久平和（こうきゅうへいわ）	常に変わらずに平和であること。永久に平和で争いごとがない状態であるさま。
巧言令色（こうげんれいしょく）	巧みな言葉や、顔色をつくろったりすること。転じて、言葉を飾り、口先だけのことを言い、相手にこびへつらうこと。
公私混同（こうしこんどう）	公的なこと、私的なことのけじめをつけないこと。
公序良俗（こうじょりょうぞく）	公共の秩序と、善良な風俗。
広大無辺（こうだいむへん）	非常に広く果てのないさま。限りなく広いさま。「広大」は「宏大」とも書く。
巧遅拙速（こうちせっそく）	じょうずで遅いより、へたでも速いほうがよいの意。古くは兵法の語。
公平無私（こうへいむし）	公平で、判断に自分の感情などをまぜないこと。
呉越同舟（ごえつどうしゅう）	仲の悪い者同士が同じ境遇や場所にいること。もとは、仲の悪い者同士が反目しあいながらも、利害の一致をみるときは協力し合うという意。
極悪非道（ごくあくひどう）	この上なく道理にそむいたひどい悪事を行うこと。
極楽浄土（ごくらくじょうど）	仏教で阿弥陀仏がいる西方浄土のこと。
孤軍奮闘（こぐんふんとう）	孤立した中で少人数で必死に戦うこと。だれの援助も受けず、独りで懸命にがんばるさま。

才色兼備	困苦欠乏	五里霧中	孤立無援	鼓舞激励	刻苦勉励	酷寒猛暑	誇大妄想	故事来歴	孤城落日
さいしょくけんび	こんくけつぼう	ごりむちゅう	こりつむえん	こぶげきれい	こっくべんれい	こっかんもうしょ	こだいもうそう	こじらいれき	こじょうらくじつ
すぐれた才知を持ち、美ぼうをも兼ね備えている女性。「色」はようす、容ぼうのこと。「才色」は「さいしき」とも読む。	生活に必要なものが不足して苦しむこと。	霧が深く方向がつかめないこと。現状がつかめず方針をたてる手がかりがない状態。	独りぼっちで、だれも手を差しのべてくれない状態。類語に「孤軍奮闘」がある。	気持ちを奮い立たせて励ますこと。元気づけること。類語に「叱咤激励」がある。	非常に苦労して、勉学や仕事につとめはげむこと。類語に「刻苦精励」がある。	耐えがたいほど厳しい暑さや寒さのこと。	自分の現状を実際以上に想像して、事実のように思いこむこと。	昔から伝えられてきた物事についてのいわれや経過。「古事」とも書く。	孤立無援の城に沈む夕日がさし込んでいる光景。勢力も傾き、助けもこない心細いさま。

時節到来	試行錯誤	色即是空	自画自賛	四角四面	詩歌管弦	三者三様	山紫水明
じせつとうらい	しこうさくご	しきそくぜくう	じがじさん	しかくしめん	しいかかんげん	さんしゃさんよう	さんしすいめい
よい機会がやってくること。	試みと失敗を繰り返して適切な方法を見つけること。	仏教の根本思想の一つで、この世のすべての物には形があるが、形は実在ではなく本質は空である、という意。	自分で自分のことをほめること。「賛」は絵画に書きそえる詩文で、本来は他人に書いてもらうもの。自分で描いた絵にみずから賛を書く意。	非常にまじめで堅苦しいこと。とてもかしこまっていること。	漢詩・和歌と管楽器・弦楽器、すなわち文学と音楽のこと。	三人いれば、それぞれ姿、形や考えなど異なるということ。	山が陽光を受けて紫色に映え、流れる川の水は澄んで清らかなこと。

四字熟語	意味
志操堅固（しそうけんご）	正しいと信じる主義や志がしっかりと定まっていて、容易にはくずれないこと。
七転八倒（しちてんばっとう）	七回転げ、八回倒れる様子から、苦痛のあまり転げたり倒れたりしてもがくこと。「しってんばっとう」「しちてんはっとう」とも読む。
七難八苦（しちなんはっく）	いろいろな困難や多くの苦悩。仏教語で、七つの災いと八つの苦しみのこと。
自重自戒（じちょうじかい）	自らの行動や態度を戒め慎むこと。
四通八達（しつうはったつ）	道路が四方八方に通じていること。
執行猶予（しっこうゆうよ）	有罪の判決を受けた者について、情状により一定期間刑の執行を猶予し、猶予期間を無事経過したときは刑を科さないこととする制度。
質実剛健（しつじつごうけん）	飾り気がなく、まじめで、心身ともに強くしっかりしていること。
失笑噴飯（しっしょうふんぱん）	思わず食べている飯を吹き出して笑うこと。
疾風迅雷（しっぷうじんらい）	強く吹く風と、激しい雷鳴。転じて、物事のなりゆきや変化がすばやく激しいさま。
自暴自棄（じぼうじき）	失敗したり希望が持てなくなったりして、自分自身を粗末に扱い、すてばちになること。
縦横無尽（じゅうおうむじん）	この上なく自由自在で、思う存分にふるまうこと。類語に「自由自在」などがある。
衆口一致（しゅうこういっち）	多くの人の意見や評判がぴったり合うこと。
衆人環視（しゅうじんかんし）	多くの人がまわりを取り囲むようにして見ていること。
周知徹底（しゅうちてってい）	世間一般に、広くすみずみまで知れわたるようにすること。
自由奔放（じゆうほんぽう）	自分の思い通りに振る舞うこと。
主客転倒（しゅかくてんとう）	主人と客が入れ替わることで、重要な事柄と取るに足らない事柄、人や物事の軽重が逆になること。「主客」は「しゅきゃく」とも読む。類語に「本末転倒」がある。
熟慮断行（じゅくりょだんこう）	じっくり考えた上で思い切って実行すること。

酒池肉林 しゅちにくりん	きわめてぜいたくな酒宴の意。豪遊の限りを尽くすこと。
出処進退 しゅっしょしんたい	就いている職にとどまり続けることと、辞めること。
首尾一貫 しゅびいっかん	始めから終わりまで一つの方針や態度を貫き通すこと。始めと終わりで矛盾しないさま。類語に「終始一貫」がある。
準備万端 じゅんびばんたん	万全の用意ができている状態。
笑止千万 しょうしせんばん	非常にばかばかしいこと。「笑止」はおかしいこと。「千万」はこの上ない、はなはだしいの意。
情状酌量 じょうじょうしゃくりょう	刑事裁判で、犯罪に至った事情すべてきところを考慮して、刑罰を軽減すること。
少壮気鋭 しょうそうきえい	若く意気盛んで、将来が期待されること。
諸行無常 しょぎょうむじょう	この世のすべては常に移り変わり、生滅を繰り返して、永久に不変のものはないということ。人生は、はかなく無常であるという仏教の大綱「三法印」の一つ。

初志貫徹 しょしかんてつ	物事の始めに決めたことを、くじけることなく最後まで完全に貫いて、志を遂げること。
私利私欲 しりしよく	自分の利益を第一に考えて行動しようとする自分の欲望のこと。
支離滅裂 しりめつれつ	ばらばらで、まとまりがないこと。乱れてつじつまが合わないこと。類語に「四分五裂」「乱雑滅裂」がある。
思慮分別 しりょふんべつ	よく考えて判断すること。また、その能力。類語に「熟慮断行」がある。
人海戦術 じんかいせんじゅつ	多数の人員を投じて仕事を完成させること。「人海」は人が多数集まって海のように見えるさま。
真剣勝負 しんけんしょうぶ	本気で勝負すること。本気で物事にとりくむこと。
人材輩出 じんざいはいしゅつ	すぐれた人物が続いて世に出ること。
深山幽谷 しんざんゆうこく	人里離れた奥深い山や、物の形がはっきりしないほど深い谷。奥深く静かな自然のこと。
真実一路 しんじついちろ	真実を求めて、ひとすじに進むこと。
神出鬼没 しんしゅつきぼつ	すばやく、自由自在に、現れたり隠れたりすること。所在が容易につかめないさま。

尋常一様
じんじょういちよう

ごくあたりまえなのこと。とおりいっぺん。

信賞必罰
しんしょうひつばつ

賞罰のけじめを厳正にすること。功労のある者には賞を与え、罪を犯した者は必ず罰する。

新進気鋭
しんしんきえい

新たに参加したてで非常に意気込み、勢いが盛んなこと。また、その人。

人跡未踏
じんせきみとう

いまだかつて、人が足をふみ入れたことのないこと。

迅速果断
じんそくかだん

すばやく判断し、思い切って物事を行うこと。類語に「即断即決」がある。

身体髪膚
しんたいはっぷ

体全体のこと。身体と髪の毛と皮膚のこと。

心頭滅却
しんとうめっきゃく

心の中の雑念が消え去り、無念・無想の境地に至ること。仏教語で「心頭を滅却すれば火も自ずから涼し」とあり、どんな苦難にあっても、それを超越して心頭にとどめないようにすれば、苦しさを感じないという意。

深謀遠慮
しんぼうえんりょ

はるか先のことまで考えて立てた周到な計略。「深謀」は深いはかりごと、「遠慮」は遠く思いはかるの意。

人面獣心
じんめんじゅうしん

人間らしい心を持たない人のこと。顔は人間であるが心は獣の意から、冷酷非情な人。

森羅万象
しんらばんしょう

宇宙空間に存在する、すべての物、すべての現象。「万象」は「ばんぞう」とも読む。類語に「有象無象」「一切合切」がある。

酔生夢死
すいせいむし

酒に酔い、夢心地で自覚もなく一生を過ごす意で、何もせずにぼんやりと、むだに一生を送ること。類語に「遊生夢死」がある。

晴耕雨読
せいこううどく

晴れた日は田畑を耕し、雨が降れば家にこもって読書し、気の向くままに生活すること。

生殺与奪
せいさつよだつ

生かすも殺すも、奪うも与えるも、思いのままであること。絶対的権力。類語に「生殺与奪の権」「活殺自在」がある。

静寂閑雅
せいじゃくかんが

ひっそり静かでみやびやかな風情がある様子。「閑雅」は静かで風情のあること。

精神一到
せいしんいっとう

精神を集中して行えばどのようなことでも成し遂げられるということ。

盛衰興亡
せいすいこうぼう

ものごとが盛んになることと滅びること。

310　　　［巻末50］

清風明月（せいふうめいげつ）
夜の静かで清らかなたたずまいの形容。清らかな美しい自然の形容。

青天白日（せいてんはくじつ）
よく晴れた天気。転じて、心にやましさも後ろめたさもなく、潔白であること。

清廉潔白（せいれんけっぱく）
心が清く、後ろめたいところがないさま。類語に「青天白日」などがある。

勢力伯仲（せいりょくはくちゅう）
二つの勢力に優劣がないこと。

絶体絶命（ぜったいぜつめい）
せっぱ詰まってどうにも逃れられない困難な状態。

責任回避（せきにんかいひ）
自身が負わなくてはならない任務や義務をまぬかれようと避けること。

是非善悪（ぜひぜんあく）
物事のよしあし。類語に「是非曲直」「理非曲直」がある。

是非曲直（ぜひきょくちょく）
物事の正・不正や、善悪。類語に「理非曲直」がある。

前後不覚（ぜんごふかく）
物事の後先の判断がつかなくなるほど正体を失うこと。類語に「人事不省」がある。

浅学非才（せんがくひさい）
学識が浅く未熟であること。「非」は「菲」（一級）とも書く。

千載一遇（せんざいいちぐう）
二度とない絶好のチャンス。千年に一度出会えるぐらいのチャンス。

千紫万紅（せんしばんこう）
色彩豊かで、さまざまな花が咲きほこっていること。「千」「万」は数が多いことを表す。

前途多難（ぜんとたなん）
将来に困難の多いことが予想されること。対語に「前途有為」「前途有望」がある。

前途有望（ぜんとゆうぼう）
将来に大いに見込みがあること。類語に「前途有為」「前途洋洋」がある。

前途洋洋（ぜんとようよう）
将来が明るく、希望に満ちていること。類語に「前途有為」「前途有望」がある。

浅薄皮相（せんぱくひそう）
薄っぺらく表面だけしか見ていなかったり考えていなかったりすること。

千変万化（せんぺんばんか）
「千変」は「せんべん」とも読む。さまざまに変化すること。類語に「変幻自在」がある。

先憂後楽（せんゆうこうらく）
先に心配事・苦痛に思うことをかたづけ、楽しみは後回しにすること。

千慮一失（せんりょのいっしつ）
知者が、どんなに入念に考えたことでも、一つぐらいは失敗や間違いがあるということ。対語に「千慮一得」「愚者一得」がある。

善隣友好 (ぜんりんゆうこう)	隣国や隣家などと仲良くすること。外交上、友好関係を結ぶこと。
粗衣粗食 (そいそしょく)	粗末な着物と粗末な食事。質素な生活のたとえ。
相互扶助 (そうごふじょ)	両者が互いに助け合うこと。
相思相愛 (そうしそうあい)	お互いに好き合っていること。
率先垂範 (そっせんすいはん)	積極的に行動し模範を示すこと。「率先」は先に立って行動する、「垂範」は手本を示す。
大喝一声 (たいかついっせい)	大きなひと声でしかりつけること。
大器晩成 (たいきばんせい)	大きな器や道具は完成に長い年月がかかる。偉大な人物は、ゆっくりと実力を養い、晩年に大成するということ。
泰然自若 (たいぜんじじゃく)	気持ちが落ち着いて物事に動揺しないさま。
大胆不敵 (だいたんふてき)	度胸がすわっていて敵をまったく恐れないさま。

試験に出る四字熟語

大同小異 (だいどうしょうい)	多少の違いがあるだけで、おおよそ同じであること。似たり寄ったり。
多岐亡羊 (たきぼうよう)	逃げた羊を追いかけながら、分かれ道が多いために、とうとう羊を見失ったという故事から、方針が多すぎて選択に迷うたとえ。
多事多端 (たじたたん)	仕事や事件が多くて忙しいこと。
多事多忙 (たじたぼう)	仕事が多く、大変に忙しいこと。
多種多様 (たしゅたよう)	種類がとても多く多岐にわたること。
多情多感 (たじょうたかん)	感情が豊かで、感受性が高いこと。
暖衣飽食 (だんいほうしょく)	暖かい服を着て、十分に食べること。なんの不足もない恵まれた生活のたとえ。
胆大心小 (たんだいしんしょう)	大胆でありながら、細心の注意をはらうこと。
短慮軽率 (たんりょけいそつ)	考えが浅く、軽々しく行動すること。

308　　［巻末52］

徹頭徹尾	低唱微吟	痛快無比	沈思黙考	朝令暮改	眺望絶佳	朝三暮四	昼夜兼行	智勇兼備	注意散漫
始めから終わりまで。一から十まで。類語に「終始一貫」「首尾一貫」がある。	小さな低い声で詩歌をうたうこと。	たぐいなく痛快であること。	静かにじっとして、深く考え込むこと。	朝出した命令を夕に改めることから、法律や方針などが頻繁に変わり定まらないこと。	見晴らしが非常にすばらしいこと。	目先の違いにこだわり、本質が同じであることに気づかないこと。物事の本質を理解しないこと。	昼も夜も休まずに進むこと。仕事などを続けて行うこと。類語に「不眠不休」がある。	知恵の勇気を兼ね備えている人物のこと。「智勇」は「知勇」とも書く。	あれこれと気が散っているさま。集中していないこと。

東奔西走	同床異夢	闘志満満	当意即妙	天地神明	天下泰平	天下御免	天涯孤独		天衣無縫
あっちこっち忙しく走り回って尽力すること。	共に暮らす夫婦が別のことを考えている状態。同じ仕事をする仲間の目標が異なること。	戦う意気込みにあふれていること。	その場にふさわしいタイミングで即座の機転をきかすこと。	天と地の神々のこと。	世の中がよく治まって平穏であること。心配事がないこと。「泰平」は「太平」とも書く。	何者にもはばかることなく堂々と行えること。公認されていること。	一人の身寄りもなくひとりぼっちであること。故郷を遠く離れて一人で暮らすこと。		天人の衣には人工的な縫い目がないことから、詩文などで技巧の跡がなく、ごく自然に見えながら完成度の高いこと。また、人柄が無邪気なこと。

熟語	意味
独立独歩 （どくりつどっぽ）	他人の力にたよらず、自分の信じるとおりに行動すること。
怒髪衝天 （どはつしょうてん）	髪の毛が天を衝くぐらいに逆立つほど大きな怒り。「怒髪天を衝く」とも読む。
内疎外親 （ないそがいしん）	表向きは親しそうであるが、内心ではきらっていること。
難行苦行 （なんぎょうくぎょう）	苦難に耐えてする修行。転じて、ひどい苦労をすること。
難攻不落 （なんこうふらく）	守りが堅固で攻め落としにくい。相手がなかなかこちらの思い通りにならないこと。
南船北馬 （なんせんほくば）	（南は船で、北は馬で）絶えずあちこちに旅行すること。
日進月歩 （にっしんげっぽ）	日ごと月ごとに絶えず進歩すること。急速に進歩すること。
二人三脚 （ににんさんきゃく）	二人の隣り合った足首をしばって走る競技から、二人が力を合わせて物事に取り組むこと。
破顔一笑 （はがんいっしょう）	顔をほころばせて笑うこと。
博学多才 （はくがくたさい）	広くいろいろな学問に通じ、多方面にすぐれた才能を持っていること。

試験に出る四字熟語

熟語	意味
薄志弱行 （はくしじゃっこう）	意志が弱くて実行力が足りないこと。
白砂青松 （はくしゃせいしょう）	白い砂浜と青い松。海岸の美しい風景。
馬耳東風 （ばじとうふう）	他人からの意見や批判に無関心で、注意を払わないこと。「東風」は心地よい春風。
波乱万丈 （はらんばんじょう）	変化が激しく劇的であること。
美辞麗句 （びじれいく）	飾ったたくみな言葉。主にお世辞を言うための言葉や言いまわし。
百戦錬磨 （ひゃくせんれんま）	歴戦のなかできたえられること。経験豊富であること。
百鬼夜行 （ひゃっきやこう）	いろいろな化け物が夜になると動きまわる。転じて、悪人どもが自分勝手なふるまいをすること。「夜行」は「やぎょう」とも読む。
表裏一体 （ひょうりいったい）	まったく逆に見える事柄が、内面ではつながっており、切り離せないこと。また、相反する二つのものが一つになること。

比翼連理（ひよくれんり）	不易流行（ふえきりゅうこう）	不可抗力（ふかこうりょく）	不朽不滅（ふきゅうふめつ）	不協和音（ふきょうわおん）	複雑怪奇（ふくざつかいき）	不即不離（ふそくふり）	物情騒然（ぶつじょうそうぜん）	腐敗堕落（ふはいだらく）
夫婦の愛情の深いこと。「比翼」は「比翼の鳥」、「連理」は「連理の枝」。いつも翼を並べて飛ぶ鳥と、二本の木の枝がくっついて木目が一つにつながった枝。	常に変化をしない本質的なもの（不易）を忘れない中にも、新しい変化のあるもの（流行）を取り入れることが風雅の根幹であること。	人の力では防ぎきれない外部からの力。	永遠に滅びないこと。	二つの音が鳴った際に調和がとれていないこと。いろいろなことが込み入って混乱しているため、全体として怪しく不思議なようす。	つかず離れずの関係を保つこと。	世間、世人がおだやかでなく物騒な状態。	気持ちがゆるんで、だらしない生活をするようになること。

（最後の列は下段へ続く）

不平不満（ふへいふまん）	普遍妥当（ふへんだとう）	不偏不党（ふへんふとう）	不眠不休（ふみんふきゅう）	不老長寿（ふろうちょうじゅ）	不老不死（ふろうふし）	附和雷同（ふわらいどう）	粉骨砕身（ふんこつさいしん）	文人墨客（ぶんじんぼっかく）	文武両道（ぶんぶりょうどう）
不平や不満のこと。	どんな場合にも真理として承認されること。	どちらにも味方せずに中立を保つこと。類語に「中立公正」がある。	眠らず、休まないこと。期限の間際など、せっぱつまった状態のときに懸命に努めるさま。	いつまでも年をとらず、長生きすること。類語に「長生不死」「不老不死」がある。	いつまでも年をとることなく、死なないこと。	自分なりの確固とした考えを持たず、他人の説や判断に軽々しく同調すること。	骨身を惜しまず力の限りを尽くすこと。	「墨客」は「ぼっきゃく」とも読む。詩文、書画にたけ、風雅、風流を求める人。	学問と武芸。また、その両方にすぐれていること。

奮励努力	目標を立てて一心に当たる心構え。
弊衣破帽	身なりに気をつかわず、粗野であるさま。「弊衣」は破れた衣服、「破帽」は破れた帽子のこと。
平身低頭	頭を下げて、恐れ入ること。ひたすら謝ること。
変幻自在	出没や変化が自由自在であること。類語に「千変万化」「変幻出没」がある。
片言隻語	わずかな言葉。「片言隻句」に同じ。
傍若無人	人を人とも思わないような態度や言動。人前をはばからず勝手気ままにふるまうこと。類語に「得手勝手」がある。
忙中有閑	忙しい時間のうちにも、ほっと息をつく暇はあるものだということ。
抱腹絶倒	腹をかかえて倒れるほど大笑いするさま。
本末転倒	物事の根本と、枝葉のつまらないことを取り違えること。類語に「主客転倒」がある。
漫言放語	言いたいように言うこと。言いたい放題。

試験に出る四字熟語

満場一致	その場にいる人全部の意見が一致すること。
妙計奇策	人の意表をついた奇抜ですぐれたはかりごと。
無為自然	何もしないであるがままにまかせること。
無為徒食	なんの仕事もせず遊び暮らすこと。「無為」は何もしない、「徒食」は働かない。
無位無冠	特別な地位や肩書を持っていないこと。
無為無策	有効な手立てが何もないまま、何もできずに手をこまねいていること。
無為無能	何も行わず、また何もできないこと。
無我夢中	物事に熱中して自分を忘れ、他のことを顧みないこと。
無芸大食	特段の技術やとりえを持たないが食べることだけは人並みであること。
武者修行	武士が修行のために諸国をまわること。転じて、腕を磨いたり学問を修めたりするために諸国をまわること。

面目一新	面従腹背	免許皆伝	迷惑千万	名実一体	明鏡止水	無理算段	無味無臭	無味乾燥	無念無想
めんもくいっしん	めんじゅうふくはい	めんきょかいでん	めいわくせんばん	めいじついったい	めいきょうしすい	むりさんだん	むみむしゅう	むみかんそう	むねんむそう

無念無想（むねんむそう）
あらゆる雑念や邪念がなくなり、心がすみわたっている様子。

無味乾燥（むみかんそう）
少しもおもしろみや味わいのないこと。「無味」は趣がない、「乾燥」はうるおいがない。

無味無臭（むみむしゅう）
味もにおいもないこと。まったくおもしろ味のないことにも使う。

無理算段（むりさんだん）
苦しい状況下でなんとかやりくりすること。

明鏡止水（めいきょうしすい）
くもりのない鏡と静かな水面。転じて、心にくもりがなく静かに落ち着いているさま。

名実一体（めいじついったい）
名前と実質、評判と実際の内容が一致していること。対語に「有名無実」がある。

迷惑千万（めいわくせんばん）
たいへん迷惑なこと。「千万」は程度がはなはだしいこと。類語に「迷惑至極」がある。

免許皆伝（めんきょかいでん）
武術や芸道などで、師が弟子に、その道の奥義を残らず伝え、その修了を認めること。

面従腹背（めんじゅうふくはい）
表面上は従うふりをして、内心では反抗していること。

面目一新（めんもくいっしん）
「面目」は「めんぼく」とも読む。外見が以前とすっかり変わること。それまでとは違う、高い評価を得ること。

要害堅固	用意周到	悠悠自適	勇猛果敢	優勝劣敗	優柔不断	有形無形	門戸開放	門外不出	面目躍如
ようがいけんご	よういしゅうとう	ゆうゆうじてき	ゆうもうかかん	ゆうしょうれっぱい	ゆうじゅうふだん	ゆうけいむけい	もんこかいほう	もんがいふしゅつ	めんもくやくじょ

面目躍如（めんもくやくじょ）
「面目」は「めんぼく」とも読む。その人の名誉や評価にふさわしい活躍をするさま。

門外不出（もんがいふしゅつ）
秘蔵して、人に見せたり持ち出したりしないこと。貴重なものを、家の門から外へは出さない意。

門戸開放（もんこかいほう）
制限をなくして自由にすること。

有形無形（ゆうけいむけい）
形が有るものと無いもの。

優柔不断（ゆうじゅうふだん）
決断力に欠け、いつまでもぐずぐずしていること。類語に「意志薄弱」がある。

優勝劣敗（ゆうしょうれっぱい）
力のある者が勝ち、劣っている者が負けること。類語に「弱肉強食」「適者生存」がある。

勇猛果敢（ゆうもうかかん）
勇ましくて決断力が強く、屈しないこと。類語に「進取果敢」がある。

悠悠自適（ゆうゆうじてき）
ゆっくりと落ち着いて心静かに過ごすこと。あくせくせず、気の向くままに生活すること。

用意周到（よういしゅうとう）
用意が十分に整って手抜かりのないこと。

要害堅固（ようがいけんご）
備えのかたいこと。「要害」は地勢が険しく、攻めるのに難しく守るのにたやすい地。

容姿端麗（ようしたんれい）　姿、形がきちんと整っていて美しいこと。類語に「姿色端麗」がある。

落花流水（らっかりゅうすい）　散る花と流れる水。転じて人や物が落ちぶれること。また、男女が互いに慕い合うことのたとえ。

力戦奮闘（りきせんふんとう）　力いっぱい戦うこと。また、全力を尽くして努力すること。

離合集散（りごうしゅうさん）　離れたり集まったりすること。また、その繰り返し。

立身出世（りっしんしゅっせ）　社会的な地位を確立して名をあげること。

理非曲直（りひきょくちょく）　道理に合っていることとはずれていること。道徳的に正しいことと誤ったこと。

流言飛語（りゅうげんひご）　確かな根拠のない、いいかげんな情報でたらめなうわさ。

粒粒辛苦（りゅうりゅうしんく）　米を作る農民のつらさの一通りでないこと。転じて、こつこつと努力や苦労をすること。

竜頭蛇尾（りょうとうだび）　「竜頭」は「りゅうとう」とも読む。竜の頭に蛇の尾。最初は勢いが盛んでありながら、終わりは振るわなくなってしまうことのたとえ。

良風美俗（りょうふうびぞく）　よい習慣、うるわしい風俗。

臨機応変（りんきおうへん）　その場に臨み、変化に応じて最も適当な手段をほどこすこと。また、そのさま。

連鎖反応（れんさはんのう）　ある一つの反応が起こったことをきっかけに、次々と同じ反応が繰り返して起こる様子。

論功行賞（ろんこうこうしょう）　功績を考慮してそれに応じた賞を与えること。「功」は手柄、「賞」はほうび。

論旨明快（ろんしめいかい）　議論の主旨や要旨の筋道が通っていて、わかりやすいこと。対語に「論旨不明」がある。

和敬清寂（わけいせいじゃく）　茶道の精神を表す言葉。「和敬」は主人と客の心の持ち方の心得、「清寂」は茶室や茶道具などに関連する心得のこと。

和衷協同（わちゅうきょうどう）　心を同じくして、ともに力を合わせること。類語に「和衷共済」がある。

和洋折衷（わようせっちゅう）　建築や生活様式などで、日本風と西洋風を適度に取り合わせること。

本書記載の情報は制作時点のものです。受検をお考えの方は、必ずご自身で下記の公益財団法人 日本漢字能力検定協会の発表する最新情報をご確認ください。

公益財団法人 日本漢字能力検定協会

ホームページ　https://www.kanken.or.jp/

〈本部〉　　　京都市東山区祇園町南側551番地

ホームページにある「よくある質問」を読んで該当する質問がみつからなければメールフォームでお問合せください。電話でのお問合せ窓口は0120-509-315（無料）です。

◆「漢検」「漢字検定」は公益財団法人 日本漢字能力検定協会の登録商標です。

本書に関する正誤等の最新情報は、下記のアドレスでご確認ください。
https://www.seibidoshuppan.co.jp/info/pocket-kankenj2-2404

◎上記アドレスに掲載されていない箇所で、正誤についてお気づきの場合は、書名・質問事項・氏名・住所（またはFAX番号）を明記の上、**成美堂出版まで郵送またはFAXでお問い合わせください。お電話でのお問い合わせはお受けできません。**

◎内容によってはご質問をいただいてから回答を発送するまでお時間をいただくこともございます。

◎本書の内容を超える質問等にはお答えできませんので、あらかじめご了承ください。

よくあるお問い合わせ

Q 持っている辞書に掲載されている部首と、本書に掲載されている部首が違いますが、どちらが正解でしょうか？

A 辞書によっては、部首としているものが異なることがあります。**漢検の採点基準では、「漢検要覧2〜10級対応 改訂版」（日本漢字能力検定協会発行）で示しているものを正解**としていますので、本書もこの基準に従っています。そのためお持ちの辞書と部首が異なることがあります。

ポケット漢検準2級問題集

編　著　成美堂出版編集部

発行者　深見公子

発行所　成美堂出版

　　　　〒162-8445　東京都新宿区新小川町1-7
　　　　電話(03)5206-8151　FAX(03)5206-8159

印　刷　大盛印刷株式会社